南直哉

出家の本懐を問う

6つの対話

春秋社

賭ける仏教…………目次

第3の対話
仏教は何を問題にしているのか　55

第4の対話
生命について

第5の対話
修行と性欲について

第6の対話
霊魂と因果について　193

話のはじめに

彼は私の寺の檀家ではない。数年前から時々、それこそ忘れた頃に現れる、変わった男である。

年のころは三十歳半ば、いわゆる「ＩＴ系」企業を共同経営していると、当人は言っている。最初は私が指導する坐禅会に来ていたのだが、真面目に坐るものの、どこか気のない様子で、何のためにきているのか、いぶかしく思っていた。まあ、「先端産業」で働く人間には、それなりのストレスがあるのかと、想像するばかりだったが。

ところが、そうこうしているうちに、坐禅会でないときに突然やってくるようになり、いきなり私を「和尚」と呼ばわりながら、面倒な議論をふっかけてくるようになった。

正直うざったいなあと思ったが、この男、驚くべき博識で、話は面白いし、何より、おそろしく鋭い。それに短からず長からず、絶妙な間合いで訪ねてくる。その気遣いめいたものに免じて、なんとなく付き合っているうちに重なった対話が以下である。

最初の対話…………オウム真理教は仏教か

――和尚、ぼくは以前からどうしても腑に落ちないことがある。

なんだい？

――あのオウム事件(1)ね、自分が大学に入りたての頃、大騒ぎになったんだけどね。

もうそんなになるか。

――それ、その言い方、それ問題ですよ。

何が。

――だって、もうすんだ話、って聞こえる。それはないでしょう。ぼくはあの当時、結構衝撃でね。いまでも、あの事件は一体何だったのか考えるときがある。和尚は考えないの？

考える。いや、考え続けている。

——本当かねえ。そう見えないね。だいたい、当時だって、評論家や学者はともかく、坊さんが真っ向からあの問題と対決したことがあったかねえ。

痛いところを突くねえ。相変わらず。

——いま、坊さんのやる葬式なんぞ無用だと言われたりする。でも、ぼくに言わせればそれは、葬式どころか、お寺無用、坊さん無用に行き着く話だ。違うかい？

あながち的を外していないね。

——だろう。ぼくはね、オウム事件のときに、徹底的にこれを総括して、坊さんとお寺が、自身のあり方を根本から検討し反省しなかったツケが回ってきたんだと思うよ。そういう事件だよ、あれ。

と、同時に、あの頃の若者、というよりも、戦後生まれの世代全体の精神状況そのものを問うものだったな。

――だったな、じゃないね。問うているね、今も。

じゃ、話そう。オウム問題は、当時修行僧だった私にとって、いまだに引きずる巨大な問題だ。ひとつには、オウムの幹部たちと世代が近いこともある。だが、君の言うとおり、何より仏教者として徹底的に考えなければならない事件だと思う。

――そういえば、教祖・麻原彰晃[2]の死刑判決は、弁護側の控訴趣意書の提出が遅れたという、何とも間の抜けた理由で確定したはずだ。いまやいわゆる知識人たちも、もはや事件そのものにほとんど関心を持っていないようだね。このままだと、もう終わった話として、風化するだけだろう。

かもしれない。だが、私の考えは違う。私が思うに、この事件で噴出した問題は、確かに我々宗教者、特に「伝統教団」といわれるものに所属する者を問うものだと思っている。その問いが深刻なのは、むしろ宗教にとどまらず、それが基盤とする日本社会の構造問題であって、しかも何も解決されていないからだ。多くの日本人も、おもてだっては言わないかもしれないが、意識の底では事件を引きずっていると、私は思う。

——そう思うね。ぼくがそうだもの。

私にはね、オウムの集団力学や共同体としての性質がとりわけ気になる。日本には、阿部謹也氏(3)のいう「世間」という枠組みがあり、世間のしきたりに従って判断し、身の処し方を決めていれば、万事大丈夫だった時期がある。オウムはもちろん反社会的集団だから、反‐世間のようにも見えるが、しかしオウムの内部構造を見れば、オウムと世間とは実はそう違わないようにも思われる。

出家を許容しない日本の「和」の思想

——どういうこと?

話の前提として、少し言っておく。私は僧侶、即ち出家なわけだ。歴史をふりかえれば、どう考えても仏教は出家が基本である。ところがしかし、私がこれまでまがりなりにも日本で僧職を勤めてきたかぎりでは、日本の出家は本来の出家とはほど遠い。では、なぜ日本に出家仏教が根づかないか。そう考えたとき、やはり世間の枠組みから外れてしまうことが大きいのではないかと思う。

――そりゃそうだな。「出家」とは文字どおり「出世間」ということだもの。

しかしオウム真理教は、まさに、それこそ鎌倉時代の道元[4]禅師以来くらいの勢いで、「出家主義」を全面的に押しだして教勢を拡大し、宗教学者たちからも高く評価された。にもかかわらず、あれは「出家主義」とは、私には思えない。

――では、和尚は、そもそも僧侶が出るはずの日本の「世間」というものを、どう考えているのか？

日本における世間を秩序づけているのは、「互酬」とか「交換」の関係ではないか、と思う。「恩を受けた」から「恩を返す」。「血縁」たとえば親子関係は、「命を受けた」から「その恩を返す」。「地縁」は、同じ場所に住み「田植えを手伝ってもらった」から「手伝ってあげる」。お中元・お歳暮も香典返しもすべてそう。

私は中学生くらいの子どもたちの相談に乗ることもあるが、彼らはよく「自分の居場所がない」とか「友だちはウザイ」と言う。携帯でメールをもらうと返信する義務が生ずる。返信しないと礼儀に反するし、相手の気分を害して仲間からはじかれるかもしれない。いわば村八分だ。そのため家に帰っても常に緊張して携帯を見ていると言う。

よく最近の若い子は礼儀を知らないとか世間を知らないとかいわれるが、そんなことはないんだ。大人の世間とは範囲が違うだけで、彼らの世間は凄く厳しい。むかしだったら家に帰れば学校の「世間」は遮断できた。いまは遮断できないから逃げ場がない。むしろこういう関係性から脱することが、ある意味「出世間」なのだ。

――面白いこと言うね、さすがに。そういえば、坊さんの話を何度か聞いたこともあるけれど、「恩を忘れてはいけません」だの「おかげさまの心が大事」だのという、退屈極まりない説教が多かったな。縁起というのは相互依存の関係、つまりおたがいが助けあうことだ、といった人もいる。和尚の話だと、それは世間の関係そのものであって、出世間を掲げる仏教の教えとしてはふさわしくない、ってことか。

はっきり言えばそうだ。聖徳太子が「和を以て尊しと為す」と言ったという話が大元なのか、日本ではよく「和」が大事だと言う。しかし「和」というのは、「世間」の枠の内側だけで仲よくやろうという話にすぎない。外部はどうでもいいのだよ。枠のなかの人が「身内」であり「内輪」。外部の人は「よそ者」だ。よそ者の最たるものは「外人」、すなわち「人の外」になってしまう。

しかし本当は、枠のなかで閉じたものを「縁起」といってはいけない。外部の異なる要素との相互関係が、「縁起」本来のダイナミズムだ。「和」ですりかえてはいけない。

このような仏教教理の「融通無碍」な解釈は、オウムを含めて、仏教受容の伝統から出てきたひとつのかたちだとは思う。しかし、何を仏教の核とみなし何をそうでないとするか一度腑分けしておかないと、仏教の肝腎要のところが理解もされず根づきもしないことになる。

――そういえば、日本には体験主義信仰もあるね。日本人は身体感覚が好きで仕方がないように、ぼくには見える。一昔前、齋藤孝(5)という人の『声に出して読みたい日本語』（草思社）という本がはやったが、身体論的な実感信仰とオウム真理教の修行体験の重視はとてもよく似ている気がする。

その一方で、オウムには反「世間」というか、「世間」と拮抗し対峙する部分もあった。さっきも言ったように、ひょっとすると、道元禅師以来はじめて「出家」を真っ向から標榜して登場した宗教運動かもしれない。それゆえに世間で生きられない人間が大量にオウムに流れこんだ。つまりオウムは出世間のスタンスで人を惹きつけながら、内部構造は「世間」の変形にすぎない。この二重性がオウムに新宗教としての力を与えたのではないか。

逆に麻原彰晃が出世間を貫き、仏法をひとつの理念として自分から切り離すことができたら、とてつもなく高度な宗教運動になったかもしれない。しかし、ひろがりは小さかったかもしれない。このへんに日本の「世間」の得体の知れない力を感じる。

ところで「世間」とよく似た言葉に「社会」があるね。でも、このふたつは全然違っている。私は、日本に「世間」を感じても「社会」は感じない。

世間と社会

——丸山眞男[6]らの説を敷衍すれば、「社会」は自立した個人によって成り立つ契約を基礎とした集団。全体としてはひとつの構造を持っていながらも、粒子の一個一個が見える集団形態。

世間は完全な流体構造であって、どろりとしていて粒子が見えない。見田宗介[7]ふうにいえば、世間は即自的な共同体に近く、社会は対自的な集団ということかな。

付け加えると、世間の基礎が互酬であるならば、社会の基礎は契約といっていい。しかし、そのとき帰属集団と自分のポジションの関係を見る第三の視点がないと、社会が構成できない気がする。いま君はどろりとしてと言ったけど、それでは関係の距離が見定められない。両者が独立してはじめて、それらをつなぐ第三の存在が要請される。そうした第三の視点を日本で確立することができるのか。さらには、第三の視点を立ちあげるほうがいいのかどうか。

日本的なるものと仏教の野合

――じゃあ、言うけれどね、ぼくから見れば、日本の仏教は、和尚のいう世間そのものじゃないか。仏教思想こそが日本的なるものを常に肯定し、裏づけてきている。さきほど縁起の話が出たが、無我説だって、「自分を捨てろ」というので「滅私奉公」となったり、個の確立どころか、個が融解して「どろりとした」世間に寄与している。悪名高き日本陸軍の厳格主義は、禅寺の修行を手本としたという話もあるでしょ。

日本の知識人には寺の子弟が存外多いようだが、彼らは決まって、日本社会はキリスト教的な個人主義とは違い、間人主義(8)であり、文脈主義(9)だという。しかしその思想的背景を問われれば、仏教思想だと口を揃える。

さっきも言ったように、その実体は「和」の思想にすぎない。たとえば西田幾多郎(10)の思想は、日本人初のオリジナルな哲学であり、バックグラウンドは禅だといわれる。しかし私が読むところ、あれは「和」の思想を西洋の哲学概念で組みあげただけで、鈴木大拙(11)流の禅はともかく、仏教もへったくれもないと思えて仕方がない。その鈴木の見性思想にしても、あの体験主義は結局、仏教とは異質だと思う。すべてがそうなのだ。

知識人としてはじめて道元禅師に着目し、まとまった形で世間に紹介した和辻哲郎(12)にしても、思想的には分裂しているとしか思えない。原始仏教の史料批判をしながら、日本の風土を礼賛し、天皇制の絶対肯定に向かうような思想を内包している。だいたいちゃんと読めば、道元禅師の思想やものの考え方が、日本の風土と簡単に相容れないことはわかったに違いない。私が不思議なのはそこだ。なぜ一方で風土みたいなことを書きながら、一方で禅師を憑拠としていたのか。あの人には何か誤解があったのか。

――推測だが、和辻にとってあれは戦略だったのではないか。イデオローグとしての和辻と学者としての和辻は、彼自身のなかで役割が違っていたのだろう。戦争に向かっていく日本社会で、どうふるまうか。日本社会では「空気」には逆らえない。異を唱えても空転するだけ。社会を違う方向へ向かわせようとしても空転しては何の意味もない。だから実践的な人間はぎりぎりの折りあいを考える。そのかねあいから和辻は意識的にイデオローグとしてふるまったのではないかな。

もし和辻の立場が君の推測のとおりだとしたら、この日本で僧侶が置かれた立場の苦しさにも似ていてつらいね。たとえば長年連れ添ってきた老夫婦がいる。旦那が先に死んでしまった。奥さんは多少ボケが入っているけれども、旦那が死んだのは理解できる。そういう人を前にして、「無我」だの「空」だの、むずかしい話をしても仕方がない。「ご主人はいま極楽浄土にいらっしゃいますよ」と言うしかない。あるいは九十五歳のおばあちゃんに、「方丈さん、わたしはいいところに行けますかいのう」と言われたら、「もちろん行けますよ」と言うしかない。そう言うしかないのだ。私はそういう場面にさんざん出会ってきたが、これは切ないんだな。

ろうからな。でも、それは逃げだろう。

――心中ある種のやましさを感じてしまうのかもしれんが、そう言えば相手の心が安らぐだろうからな。でも、それは逃げだろう。

僧侶の葛藤

ここはもはや、プラグマティズムに徹するしかないと、私は思うね。目の前の現実をどう解決するかという一点に焦点を絞る。ただ、それでは、日本的なるもの、仏教ならぬ「世間教」と変わらなくなってしまう。私は僧侶として、ひょっとしてこの矛盾は解決できないかもしれないと思う。ただ、自分の内面でこの矛盾を意識化する作業をくりかえす以外には、「世間教」に呑みこまれないように相対化していく手段はないかもしれないな。

だから、このとき、もっと仏教の原理的なもの――原始仏教や道元禅師の思想、あるいは親鸞聖人のいう「罪」をどう扱うのかというテーマをもっと前面に掲げないと、日本仏教は結局、これまでと同じように「世間教」のなかに埋没していく可能性が十分にある。

――いい例だと思うのが、明治期以来の優れた仏教家たちでしょ。戦前には、清沢満之(13)、暁烏敏[14]、田中智学[15]など錚々たる面々がいた。そのほか田辺元[16]、和辻哲郎、西田幾多郎らを筆頭に、学殖を積んだ自覚的な思想家や学者もたくさんいた。ところが戦争に向かう世間の大きな流れのなかで、揃いも揃って後世に断罪される結果になってしまった。それはなぜか、よく考えたほうがいい。矛盾を避けられないとしても、少なくとも自覚はしておかなければ非常に危険だと思う。そして、いまの日本仏教に欠けているのは、まさにそれだと思う。

だから、オウム問題を簡単に忘れてはいけない。オウムの独特の制度や構造——出家と在家を妙なところで融合し癒着した、あのやり方の問題性に自覚的でないといけない。オウム問題を軽々しく終わったことにしてはいけないんだ。みんな忘れたふりをしている——と私には感じられるんだが——のも、おぼろげながら自覚があるからだと思う。オウムは自分たちのカリカチュアであり、自分たちの問題性が集約的に現れていることを知っているから触れないのではないだろうか。オウムは、日本仏教の一番見たくない部分を見せつけたんだ。

オウムのカルマ論、輪廻転生論、教理をどう整理するのかという問題からはじまって、修行の問題、悟りの問題、出家と在家の問題、さらには収益構造の問題——どれをとっても日本仏教ができれば避けてとおりたいと思ってきた部分だ。つまりオウムは日本仏教のネガなんだと思う。

オウム真理教は仏教か

――では訊くが、一言でいって、オウムは仏教なのかな？

そうきたか。

――この質問に答えてくれるお坊さんはなかなかいないんだよね。教義批判的に考えて、あれは仏教なのか、仏教ではないのか。

ひと言で答えるのはたいへんむずかしい。

――へえ、和尚でも口ごもることがあるんだね。では、ぼくの考えを先に言おう。そのほうが和尚も答えやすいかもしれない。

聞こうじゃない。

――仏教ではないとは言いがたい。

それはずるいだろう。二者択一で答えさせるなら、「仏教である」か「仏教ではない」しかないはずだ。

――だから、オウム真理教は仏教だと思うと言っているんだ。仏教ではないとは言いがたい、は二重否定だから、結局、仏教だ、というのと同じ。

と、すれば、密教も、仏教ではないとは言いがたい、という言い方ができるかもしれない。オウム真理教もヴァジラヤーナ、すなわち密教を標榜しているとはいえ、オウムといわゆる密教がどういう関係にあるかを語るのはむずかしい。しかし、両者とも混淆宗教の側面を持つのを否定しがたいのは確かだろう。幾人かの専門家も指摘していたとおり、オウムには非常に乱暴なかたちでインドのサーンキヤ学派(17)やヨーガ学派(18)系の思想が混入して、世界観のベースになっている。たとえば「三グナ」などと言う。仏教ではほとんど使われない用語であり概念だ。世界のはじまりには、すべての魂は真我《プルシャ》として存在していたが、三グナのエネルギーの影響で自他の区別が生じたなど、インド哲学の概念を使ってきわめて抽象的な教義をつくりあげている。

こうしたサーンキヤ学派やヨーガ学派の用語や概念だけに注目すると、「オウムは仏教ではない」といいたくなる。しかし伝統的な密教のなかに、そういうサーンキヤ的なもの、あるいはヒンドゥー教的なものが入っていないかというと、やはり入っている。だから密教が仏教であるとするならば、オウムを仏教ではないとは言いがたい。

――ただね、オウム真理教はどうも、仏教が主張する「無我」あるいは「空」をきちんと理論化できていないでしょ。そこだけに注目すれば「仏教ではない」といえるかもしれないな。しかし、その程度だね。

私もまったくそう思うが……ただ、私は道元禅師の門下、儒教と老荘と仏教がみな最終的には一致するなどというのは邪説中の最邪説だと言っている人間の門下でね。白か黒かで問われれば、仏教ではない、と言わざるをえない。しかし、曹洞宗とか道元門下を脇に置いて、オウムの教義なり修行なりを見て、まったく仏教の要素がないのかと問われれば、私も、仏教ではないとは言いがたい、といわざるをえない。

伝統仏教への敵意

——不思議なのはね、彼らが教理をどんどん純化しようとしたこと。「オウム神仙の会」と名乗っていたころは、小さなヨーガ道場か同好会のようなもので、超古代史や竹内文書[19]のような異端神道、仏教、ヒンドゥー教、そういった宗教もオカルトもごっちゃになった混淆状態だった。ホーリーネームもギリシャ神話の名前からとっていた。しかし、そのなかから仏教を選びとって、小乗、大乗、金剛乗（密教）まで極めようとした。とりわけ原始仏教と密教を直結させたこと。直結させるベースは、身体論やヨーガの技法にある。そのモデルをつくったのは、麻原彰晃も一時入信していた阿含宗の桐山靖雄[20]氏かもしれないが、とにかく大乗を飛ばしてしまう。いや、それもまた当然で、むしろ仏教のなかで大乗が異質なのかもしれない。彼らは日本仏教の伝統に染まっていないからこそ、嗅覚鋭く大乗と他の仏教の差異を嗅ぎとったのかもしれない。その意味では、空や無我の思想があまり出てこないのも当然なのかもしれないね。

ただオウムは阿含宗よりも原典志向が強かった。原始仏教の聖典たるパーリ語経典[21]を日本語に訳そうともした。それも決して誤訳とか曲解ではなかった。独特ではあるが、それなりに原典に忠実な訳語をつくった。たとえばブッダのことを「サキャ神賢」と呼ぶ。日本の伝統仏教とは異なる用語法を一からつくりなおそうとしている。

そう言えば、麻原彰晃が読経しているテープを、テレビニュースか何かで耳にしたことがある。普通の漢文のお経ではない。オウムの特異な用語法で口語に訳された経典を朗々と読みあげてたな。それが読経として実にさまになっていた。そのうえ、オウムは原典を訳そうとしているし、マントラと称して、「ハードなお布施をするぞ」といった科白をくりかえし刷りこんでもいたね。独自の言語体系を生みだそうという強烈な意欲には驚かされた。

——和尚は、彼らの意欲の背後にあるのは何だと思う？

君のほうに言いたいことがあるだろう。

——うん。ぼくはね、日本の伝統仏教への強烈な敵意だと思う。

まったくそのとおりだな。記憶がさだかでないが、たしか雑誌の記事だったたか、作家の瀬戸内寂聴氏がオウム脱会信者の高橋英利[22]氏と話をして衝撃を受けたというエピソードを読んだことがある。高橋氏は「寺院仏教は風景にしか見えない」と言ったんだ。瀬戸内氏が受けた衝撃は、高橋氏がそのひと言のなかにはしなくも見せた、日本仏教・寺院仏教を否定しようとする強い意志であったのかもしれない。

言語体系に挑む道元

――和尚はそのへん、正直だよね。いつも。

それとよく似た欲求が、おそらく鎌倉仏教の祖師たち、とりわけ道元禅師にはあったと思うんだ。たとえばね、『正法眼蔵』の言語は、何かむずかしいことを言っているのではない。ただ新しい言語をつくりだそうとしているだけだと、私は思う。当時の日本の仏教も、いわば仏教の皮をかぶった「世間教」にすぎず、天台本覚思想(23)などが蔓延していた。そのとき道元禅師は中国まで出かけていって、一種、和語と漢語が化学変化を起こしたような、非常に強烈な言語体系をつくりだした。しかも道元禅師も最終的には原典だ。最初のうちは禅の語録から引用しているが、後期になるにしたがって経典そのものの引用がどんどん増えていく。

要は、日本で「世間教」の枠組みを越えて何かしようとすると、言語そのものをつくりださないと、どうしようもないんだよ。

ところがそんな言語体系は定着しないし通じない。そのうち、ほとんど誰にも理解されないまま変質し、解釈の枠組みが、禅師本来のものとは明らかに異なってしまった。

『正法眼蔵』の注釈の歴史をひもとけば、初期は実に貧弱で、注釈ともいえないメモ書き程度の側近の解釈があるくらい。その後まともに読まれもしない時期がずっとつづく。江戸時代になってようやく、いわゆる学僧が現れて『正法眼蔵』の注釈集をいろいろつくるんだが、私の見るところ解釈の枠組みはほとんど儒教だね。明治に入ると西有穆山《にしありぼくざん》(24)をはじめとするいろんな師家が現れるけれども、彼らも大半は儒学——特に朱子学——あるいは老荘思想が背景にあって、その枠組みで眼蔵を解釈している。

結局、『正法眼蔵』解釈の歴史は、「世間」の枠組みに『眼蔵』を合わせていく歴史、逆にいえば、『眼蔵』のなかに「世間」仏教の中身を入れこんでいく歴史だったといわざるをえない。だから、オウム真理教の原典主義や独自の言語体系をつくろうとする強烈な意思が、既存の仏教に対するひとつの敵意だという話は、鎌倉仏教の祖師たちのモチベーションとたいへん近いと思う。「世間」に受け入れられないという点まで含めて。

近代仏教学とオウム

――オウムの日本仏教や寺院仏教に対する敵意は凄まじいが、一方で、彼らが敵意を持たなかったものもあるんだよね。近代仏教学。麻原彰晃は、増谷文雄[25]氏が紹介した原始仏教に影響を受けたとはっきり言っている。まあ、伝統仏教への対抗軸として、近代仏教学の原始仏教評価を受け入れたということかもしれないが……。

私にはよくわからないことがあるんだが、近代仏教学はそもそも何をしようとしたのかねえ。

――原点回帰かなあ。仏教は江戸時代の終わりまで曖昧模糊としてよくわからないものになっていた。そこで、ドイツやフランスの仏教研究を輸入して、サンスクリット経典やパーリ経典の研究で仏教のオリジナルに近いものを求め、仏教を改革しようとしたというべきか……。

近代という時代が、たとえば夏目漱石が近代文学を通じて新しい日本語を模索したように、西洋に接した水際の人たちが、それぞれの領域で独自の日本語を立ちあげようとした時代だというのはよくわかる。しかしその構図は仏教に限られたものではなく、学問の全領域にわたるものだな。

――確かに全領域だろうね。ただ仏教学が異様なのは、自然科学や社会科学、あるいは近代文学とは違い、日本には仏教の伝統がすでにあった。だからそれまでの仏教研究に近代仏教学という異質なものが加わって、仏教研究の方法論が重層化した。

しかし近代仏教学が輸入されたことで、思考のパラダイムが変わったのかどうか。私が問題にしたいのはそこだ。言語の普遍性を上げるために西洋の概念を利用しただけで、思考パラダイムはあくまで日本的「世間」仏教ではないかと感じる。

伝統仏教の世俗的近代化

――歴史的には、幕末までの日本の仏教教団は、大名の菩提寺だったり、広大な土地を持っていたりしたよね。一般大衆を無視しても、寺のなかで僧を養い、僧侶としての格式を保ち、僧侶として生きていくことができた。ところが、わずかな皇族・華族をのぞいて四民平等の明治以降の社会になると、それまで支配階級の末端につながることで受けていた特権は剥奪されてしまった。そのうえ廃仏毀釈があった。

伝統仏教は、新しい国家体制のなかで教団の役割を見いだし、社会における地位を固める必要に迫られた。いままでは見なくてもすんだ一般大衆を見、大衆に訴え、大衆の影響力によって、収入も、権威も、存在意義も基礎づけなければいけない。おまけに、これからは近代工業科学の時代だといわれたから、科学的な合理主義に即したものでもなければならない。そのせいで明治期には、ものすごく安直な仏教の科学的解釈が出てきた。

たとえば業と因果の問題を遺伝で説明するとか、自然科学的な因果関係と同じものだととらえるものだ。「親の因果が子に報い」をメンデルの法則で説明し、霊魂不滅をエネルギー保存の法則で証明したりする。体裁だけをいえば一見科学の意匠をまとっているのだけれど、言っていることは伝統的、旧態依然の仏教解釈そのもの。言語体系が変わっているようだが、道元禅師の試みたような、言語構造そのものを変えてしまうような革命と、近代仏教学とは違うのだろう。禅師に類する革命を私は知らない。

——そこでオウムだと、和尚は言うわけか？　麻原が試みたことは、道元禅師や鎌倉の祖師たちのやろうとしたことと比定できるのかどうか、と。

私は、過大評価といわれるかもしれないが、仏教の理念的革新という意味において、麻原がやろうとしたことは、きわめて道元禅師に近いと思える。もちろん結果的には大失敗だった。しかし仏教教団が明治国家のなかで新しい役割を求めて、新しい説教や新しい経典に模様替えしたようなこととは違うんだ。

――よく言うよなあ、和尚は。

いや、もちろんオウムのサリンによる無差別殺傷事件や弁護士一家殺害事件は別の問題だよ。ただ、事件があったからといって、当時オウムが提起していた重要な問題まで見ぬふりをするのはまずいと思うんだ。確かにオウムには何かがあった。

――話をもどして、明治以降の仏教解釈についていえば、日本の西洋受容の二面性とでもいうのか、明治期の西洋受容は、単に西洋の学問を吸収するだけではなく、日本的なるものを西洋に対抗できるように再構築する営みでもあっただろうね。業思想を遺伝学で説明するなんて、最近のことばでいえば「トンデモ」というやつだろうが、これまた近代というものの一側面だと思う。何も日本に限ったことではないさ。ダーウィンの進化論が社会に適用されてマルクス主義的な歴史の段階的発展論につながったり、遺伝学・生物学がナチスの優性思想と化したり、西洋でも枚挙にいとまがない。

それでも近代仏教学の革新性には一点の疑いもないと思う。さきほどから使っている「原始仏教」ということばすら、近代仏教学なくしては存在しない。伝統仏教によれば、阿含経も般若経も法華経もすべて釈迦一代の説法なのだから、「原始仏教」なんてありえない。近代仏教学が大乗経典はおろか上座部の経典すら仏陀直説ではないと明らかにして、はじめて登場しえた概念なんだ。

しかしそういう近代仏教学の成果にもかかわらず、天台宗や日蓮宗で天台智顗(26)の「五時の教判(27)」の教えを撤回したという話はきかない。仏教学の成果は、少なくともおもてむき、伝統仏教に無視されつづけたとさえいえるだろう。歴史的・文献学的には近代仏教学、哲学的・思想的には伝統仏教といった棲みわけで、ふたつが奇妙に併存している。仏教学者には同時に僧侶である人も多いが、そういう学者の内部でさえ矛盾しつつ併存しているように見える。

――とはいえ、近代仏教学に対する麻原の意図はちょっとわからないな。近代仏教学の成果を歴史学・文献学を越えて哲学や思想の内容にまでおよぼそうとしたなら大したものだが、残念ながら麻原は、訳した原始経典に対する自分独自の解釈という面では、大したものを残していない。もちろんオウムの思想自体は、ぼくの知るかぎり原始仏教からはほど遠いし。

ただね、それでも私はふと思うことがある。この先長いスパンで考えると、異形ではあるけれど、オウム真理教事件が、かつて鎌倉仏教がそれまでの仏教に与えた衝撃のようなインパクトを、我々に与えつづける可能性は残されているのではないか、と。

――それはどうかな。すべてはむしろ和尚の言う「世間」のほうへ逆戻りしている。オウムとほぼ同じ時期に登場した宗教に、幸福の科学[28]がある。もともとあまりラディカルなものではないけれど、時とともにますます丸くなって、いまや幸福実現党で国政に打って出ようという。当選者を出すのはなかなかむずかしいだろうが、それでもオウムが選挙に出たような無計画な試みではない。ちゃんと世間と折りあいをつけようとしている。

それに、いま一番ラディカルだといわれる宗教団体は、親鸞会[29]とか顕彰会[30]など旧仏教の流れを組むものばかり。だから何ごともなかった方向へひた走ってるんじゃないか。

しかしいまの日本社会を見たとき、このままでいいはずはない。非正規雇用やフリーターはますます増えるばかり。働きもせず教育や訓練を受けるでもないニートという存在も増える一方だ。結婚しない男女の割合もものすごい。この人たちが抱えている問題は、いままでの「世間」では包摂できないし、補完や補填することもできない。その証拠というわけでもないが、自殺者も年間三万人を越えて久しい。

――確かに人々は不安とよるべなさに苦しんでいる。それを寺院仏教も新興宗教も拾いあげてくれない。

そこにこそ、現代仏教の課題と可能性があることに、遅まきながら、我々僧侶も気がつき始めている。でないと、私なんか、いままでもこの先も、坊さんやれないね。

第2の対話……出家のいきさつ

リアルだった「死」

――いつか聞いてみようと思ってたんだけど、和尚はどうしてお坊さんになったのかな？別にお寺の跡取りでもないんでしょ？

いつも思うんだが、仏教に関心がないという人でも、出家した理由は聞きたがる。不思議だね。まあ、よい。私は子どもの頃たいへん病弱でね。「自分がここにいる」とか「自分が生きている」ことへの強烈な不安感があったんだ。自分の「生」に確かな感じがないといいますかね。心理学者ならば離人症というのかもしれないが、死ぬことのほうが、はるかにリアルに感じられたのだ。でもまだ子どもだったので、そんな感情をどう処理していいのかまったくわからなかった。

――死がリアルとはどんな感じ？

私は小児喘息だったんだ。発作がひどくなると、絶息状態になる。目の前が真っ赤になり、意識が薄らぎ遠のいていく。激しい発作のときには現実感さえ壊れてしまう。何というか、自分が自分であるという統合感が解体し、意味が失われ、言葉が分離してバラバラになってしまうような感じ。三歳くらいから、そういう一種の自己崩壊の感覚に恒常的にさらされていたね。

人間の記憶が遡れるのは、ぎりぎり三歳くらいまでという。二歳まで遡れる人は滅多にいない。だから私は、人生の記憶のほぼ最初から解体感覚があり、いつも非常に強い不安のなかで生きなくてはならなかった。

——その解体感覚は、恐怖とは違うもの?

恐怖というより不安。しかし恐怖よりもっと強いダメージがあったと思う。

思うに、人が恐怖できるのは、安全な場所にいるからではないだろうか。安全だとわかっているから心おきなく恐怖できる。人は巨大な災難に遭遇すると、恐怖するよりむしろ茫然自失して、もうどうしようもないという感覚に陥ると聞くが、私の解体感覚はそちらに近い。

——なるほどね。

要は、依って立つところが何もないという感覚に尽きる。自意識の連続性すら疑問だったんだ。喘息の発作が起これば、自意識など簡単に途切れてしまうからね。

永遠と無

――そういう人間に見える世界も？

そうだ。とても脆く見える。この世界も今はこのように見えるが、条件が変わればたちまち違ってしまう。あやふやなものに思えてくる。何かの約束ごとでこうなっているにすぎず、約束の仕方が変わると、世界も一変する。全然確乎たるものではない。その不確かさとよるべのなさ。そういうことが、理屈ではなく、感覚である。漠然とした不安が、目の前というより、いわば後頭部の上あたりに、薄く漂うようにあるんだな。

こんな人間がまわりからズレていくのは仕方のないことだろう。何ひとつ楽しくない。どんなにおもしろいことがあっても、始まったとたん、下手すると始まる前から、それはいずれ終わるという想念が脳裡に浮かび、とても空虚な感じがしていたんだ。

――でもね、永遠につづけば楽しいかといえば、そうでもないでしょ。

そりゃそうだ。だが、こういう子どもが「永遠」とか「絶対」という言葉に敏感になるのも本当だ。それは何のことかと疑うと同時に、非常な憧れもある。

――その「永遠」もいろいろ考えられる。輪廻転生もひとつの永遠のかたちだし、永劫回帰(1)、これも永遠には違いない。ただひとつの有限の生を無限に反復する。

そうだな。私の一生が終わったその瞬間、時間がループして私の誕生の瞬間につながり、同じように成長し、同じように学校へ入り、一分の違いもなく同じ人生を送っては、やがて死に、また誕生の瞬間に戻って、これまた完璧に同じ人生をくりかえす。地獄的だがね。

――それから永遠の楽園という考えもある。緑あふれる涼やかな土地で、透きとおる小川が流れ、いくら飲んでも悪酔いのしない美酒といくら抱いても処女の美女が出迎えてくれるような場所かも。

イスラム教の楽園がそんな描写をされていたように思うが。しかしそんなイメージは、私にはどうしても「永遠」とは結びつかなかったんだ。悪酔いしないとか永遠の処女はともかく、何だか普通にありそうな風景にすぎない。

――長くいると退屈そうだし。

子どもの頃「永遠」という言葉についてもさんざん考えたんだよ。しかし、まったくイメージできなかった。もちろん「無」や「永遠」が、人間の有限性を超える概念だ、ということはぼんやりとわかっていた。人間が有限である以上、「永遠」を理解するのは原理的に不可能だ、と。しかし私はたぶん自分の有限性に不満だった。有限性を超えたかった。それで、ありったけの想像力を駆使して「永遠」について考えてみたんだが、さっぱりわからない。ただ、もし「永遠」が「このままの状態が限りなくつづくこと」を意味するのであれば、むしろそれは耐えがたい苦しみに違いないと思った。

――もう飽きている物をさらに食わされつづけるのはつらいしね。

私が強烈な印象を受けたイメージがある。たいへん有名なエチオピアのデブレ・ベルハン・セラシー教会の壁一面を覆い尽くす天使だ。首から上だけがあって、それに羽根が生えているだけの天使。キリスト教の教義をどうこう言いたいのではないが、私にはひどく醜く愚かしく見えたんだ。この状態で生きているのであれば地獄と同じではないか。これが神の国なのか。こんな永遠は願いさげだ、とね。

仏教と出会う

——そういう感覚のまま成長したの？

まあ、そうだな。今もそうだし……。中学に入ってもあいかわらず世界は不確かで、私の「死」の不安も消えることがない。思想書なども少し囓りはじめて、こっちを掘りさげれば何か答えが見つかるかもしれないと思い、背伸びしきって、いろいろ読んでみた。しかし正直な感想をいえば、どうしても自分の感覚と実感に届かなかったんだ。

その探究の過程をうまく言語化することはできないが、たとえていえば、最初私は、自己の内面を突きつめていけば、野球のボールに硬い芯があるように、何か硬質な核に突きあたるのではないかと思っていた。その核を見つけるつもりで本も読んだわけだ。しかし玉葱の皮を剥いても何も残らないように、「自意識」も最後は、「いま、ここ」という、大きさのない、純粋な時空的位置しか残らない。物理学で考える質点に似て、実質のないアド・ホックな仮定のようだった。

もう何でもいい、とにかくいま私が考えていることを言い表す言葉はないのか――いよいよ苦しくなってきた矢先、新学期に配られた国語の教科書に載っていた平家物語の冒頭が、偶然目にとまった。中学三年生のときだった。

祇園精舎の鐘の声、諸行無常の響きあり。沙羅双樹の花の色、盛者必衰の理《ことはり》をあらはす。

この「諸行無常」というひと言に、「これだ!」と思ったね。これだ! これが俺の感じだ! って。

――それで仏教にのめり込んでいった?

とんでもない。最初は仏教の言葉であることさえ知らなかったね。仏教の歴史も宗派の違いも知らなかったし、田舎の書店にもろくな仏教書がなかったので、ずいぶん見当違いの書物を買いこんでしまった。
でもね、とりわけお坊さんの書いた本には、つくづく辟易したね。「この世はそのままでたいへん結構なものだ」という話しか出てこないんだよ。
その上、お経はひたすらわけがわからなかった。『法華経』を読めば、「万歳、万歳、法華経万歳」といった自画自賛の塊にしか見えない。あとになって読みかえしたときはまた違った感想を持ったけれども、当時の私の切実な問題意識に対応するものではなかった。『華厳経』も読んでみたが——もちろんあの膨大な『華厳経』をぜんぶ読んだわけではなく、抄訳とか解説を読んだのだが——途方もないSF話にしか思えなかった。何が言いたいのかさっぱりわからない。だいたいなぜ「諸行無常」の話が出てこないのか——欲求不満が募るばかりだった。私はまだ原始仏典を知らなかった。

——思春期らしいこらえ性のない少年時代だねえ、和尚も。

高校に入ると、早熟な友人が哲学書を読み囓って、サルトルだ、ハイデガー(2)だと言いだしていた。たまたまハイデガーの『存在と時間』を読んだと自慢している友人がいたので、私もつい見栄を張って「俺も読んだ」と言ってしまった。言った以上は意地でも読まないわけにいかない。ところが思いがけずも、『存在と時間』はかなり私の感覚にフィットした。

――「死に対する先駆的決意性」[3]ってのだろう?

当たり。「死の不安」は私の身近な友であり、「死」が私にとってしか意味がないこともわかっていた。世界に根拠が欠けていることにも気づいていた。自分の安定性の欠如と世界の安定性の欠如が連関し、自分の意識が変わった瞬間に世界もすべて変わってしまう体験をして、「私」は「私でないもの」と結ばれているという感覚も切実にあった。「世界内存在」という概念は、私の実感そのものだったんだ。

ちょうど同じ頃、たまたま夏休みに昼寝をしようと窓のそばに腰かけて、近くの本棚に手をやった。思いがけず一冊抜きとったのが、父が持っていた『日本思想大系』（岩波書店）の道元の巻だった。『正法眼蔵』が丸々収録されている本。よく教科書に出てくるやつだな、と思って少しめくったら、いきなり、

自己をならふといふは、自己をわするゝなり。
（『正法眼蔵』第一巻「現成公案」）

とあった。

――ショック、甚大？

そうだったねえ。それまでの私はいわば、自己を知ろうと思ってあちこちを探していたんだね。探せば必ずどこかでぶつかるはずだと思っていた。しかし道元はそんなことは忘れろ、という。いままで考えていた方向とまったく違うではないか。

とはいえ、そのあたりの文章を読んでも、さっぱり意味がわからない。「万法に証せらる、なり」なんて徹頭徹尾わからない。しかしこの一文には、ハイデガーの先駆的決意性と同じくらい強烈な衝撃を受け、そのまま心の底に沈んで消えなくなった。

原始仏教

――なんだか、和尚と仏教との遭遇は、出会いがしらの衝突事故だねえ。「無常」という言葉に衝突し、ハイデガーや『正法眼蔵』の言葉に衝突した。

そうかもしれない。でも、現実にこういう言葉がある以上は、私がひとりきりで悶々と考え悩んでいた問題を、他の人間も同じように考えたに違いないと思ったよ。とすれば、私が体験したり思ったりしてきたことだって、人に語る価値があるかもしれない。大げさに言えば、これが私にとって最初の「救済」だったんだ。

――では、お坊さんの本に影響を受けたことはないの？

当時読んだのは哲学の本が多い。その頃読んだお坊さんの本は、私には戯言にしか思えなかった。

――ふふふ、いまでも戯言が多いかも。

坊さんの話はあまりにお気楽に聞こえる。何の前提もなく「大宇宙の生命が……」とか言いだす。宇宙の生命って、あなた見たんですか？　あなた個人が生きていることと、大宇宙の生命がどう関係しているんですか？　まずそこを言ってほしいのに。ところが、そのあたりは全然はっきりしない。それでは何の迫力も切実性も感じられないだろう。

——じゃ、『正法眼蔵』以外に仏教書として強い印象を受けた初めは？

大学へ入ってから読み出した原始仏典。出家前の仏陀が生老病死に出遭う「四門出遊」の挿話はジャータカの序にあった。また中阿含経やパーリ経典の増支部などにも、老・病・死が端的に書かれていた。それだね。

　愚かな凡夫は自ら老いゆく者で、また老いるのを免れえないのに、他人が老衰したのを見て、考え込んでは、悩み、恥じ、嫌悪している。われもまた老いゆく者で、老いるのを免れえないのに、他人が老衰したのを見ては、悩み、恥じ、嫌悪するであろう、——このことは自分にはふさわしくない、と思って。

（パーリ経典増支部Ⅲ38より。中村元『ブッダ入門』春秋社）

ああ。何だ、これじゃないか。私は気が抜けたよ、読んだときは。呆気ないくらい、すとんと腑に落ちた。

これまでのお坊さんの本に書いてあったことはいったい何だったのか——そんな疑問も生じ

たが、同時に、この線を突きつめていけば自分の問いも解決するかもしれない、という予感がした。

——その予感は当たったのか？

だめだった。最初は明快に思われた原始仏典の記述も、読めば読むほどわからなくなってきたからだ。「苦集滅道」とは何か。生は苦である。苦には原因がある。その原因を除く方法がある——そんなことはあたりまえではないか。十二支縁起の「無明」は「根本煩悩」だというが、「根本煩悩」とはいったい何のことか。

もちろん「苦集滅道」という考えの凄みはのちに身に沁みてわかった。実存自体が苦だと言い切る鋭さにも惚れぼれした。「消滅するのがいいことだ」と言い切っているのを読んだときは慄然とすらした。

生まれることは尽きた。清らかな行いはすでに完成した。なすべきことをなしおえた。もはや再びこのような生存を受けることはない。

（スッタニパータより。中村元訳『ブッダのことば』岩波文庫、第一「蛇の章」四）

生存が尽き、もう二度と生まれることがないのが理想の境地だという。この思想は強い。私はつくづくそう思ったね。この言葉自体が仏教オリジナルではないにしても。

――強いというより怖いでしょう。

そうなんだ。生そのものが苦であるならば、死んでしまってもよいではないか。なぜ死んではいけないのか。人はみな何となく生きて、苦しんで死ぬ。それでいいのか。いや、死をあまり意識しない人は、それでいいかもしれない。彼らはあえて「生きる」ことを決意しなくてもよいのだ。しかし私のような人間はなぜ生きるのかと問わずにいられない。そのとき、私の生きる支えになってくれそうな仏教が何を言っているかわからないのでは困る。

さんざん読んだ哲学書も輝きが失せてきた。確かに哲学は、死の不安や現実の自己のあり方の分析は実に鋭い。しかし最後の一歩――死を正面から見つめ、不安を引き受け、世界の無意味さを受け入れて、その上でなお「生きる」と決断するとき、その「生きる決断の根拠」までは与えてくれないように思えてきたんだ。

――それで出家を決意した、というわけ？

うーん。どうかなあ。出家とまではいかないけれど、これから先は実践の問題かな、という意識が強くなってはきたね。世界は無意味であり、生の向こうには死が待ち構えているなかで、頭で考えているだけでは、これ以上進めないかもしれないと感じはじめたのは、あの頃からだ。

――そういうわりに、和尚の語り口は哲学からの借り物が多い気がするけどね。

私にとって哲学はいまだに思索の重要な道具だね。仏教に焦点を定めたまではよかったが、原始仏典にせよ『正法眼蔵』や禅の言説にせよ、理解するのに仏教書が全然役に立たないんだもの。仕方がないので、これまでたくさん読んできた哲学の概念や論理をぶつけたり、自分なりに考えたことをぶつけて、確かにそうだと納得するかどうかで仏教の思想を確かめていくしかなかった。仏教の論書や学術書にも同じ方法をあてはめてみた。実際、哲学の概念を道具にして、ナーガールジュナ(4)や唯識(5)の研究書を読んでいくと、いろいろと思いつくことがあるわけだ。

だから私の仏教の考え方は、いわゆる仏教書からほとんど来ていない。それが私の独特のところでもあるし、限界でもある。最初はハイデガー。「縁起」について考えるようになってからは、ウィトゲンシュタイン[6]。そのほか言語学関係なんか。いまでも「縁起」について、具体的な実感としてわかる言葉で説くにはどうすればいいか、ずっと考えている。

マルクスの言葉も案外使える。『ドイツ・イデオロギー』なんか面白い。精神分析や心理学の言葉でも使えるものがある。唯識とユング心理学を並べて論じてあれば、「ナンセンス」と思ったり、アラヤ識と深層心理をくっつけるより、ある種の哲学的認識論と唯識をドッキングさせたほうがおもしろいとか、いろいろと考える。

キリスト教との出会いと別れ

——しかし、それだけ西洋思想に馴染んでいた和尚は、西洋文明の根本たるキリスト教には惹かれなかったの？

実は、教会に通っていたことがある。祖母がキリスト教徒で、その影響もあって、一年間くらい。十七歳の頃ね。

教会の牧師さんはとても「いい人」だった。当時はもう継ぎをあてた服を着ている人はほとんどいなかったのに、その牧師さんはあちこち継ぎのあたったものを平気で着て、赤貧洗うがごとき生活をしていたんだ。私はすっかり牧師さんの人柄に惚れて、入信しようかと思いはじめた。

しかし私には最後まで、どうしても納得できないところがあったんだ。それはね、「原罪」(7)。この考えがどうしても受け容れられない。疑問が消えないので、私はとうとう日曜学校が終わってから牧師さんに質問することにした。

「先生、洗礼を受ける覚悟ができました。だけど、洗礼を受ける前に話があります」

夕方の五時くらいに話をはじめ、それからえんえん九時すぎまで、牧師さんはいやな顔ひとつせずにつきあってくれたね。

「先生は本当にキリスト教を信じていますか？」

と私はまず訊いた。傲慢無礼にもそれを最初に確認して、原罪についての疑問点をぶつけたんだ。

「アダムもイヴも、智慧の実も、蛇も、創造したのは神さまではないですか。蛇がイヴを誘惑するのも、アダムやイヴが智慧の実を食べるのも、神さまは制止しようと思えばできたはずです。それなのにふたりをとめることなく、命令違反を理由に楽園追放というのは、いくらなんでもひどいのではないですか」

それから最後にこう訊いた。

「原罪という教義を受け入れないかぎり、信者にはなれないのでしょうか?」

実をいうと、へそまがりの私は、牧師さんが「信者になれない」と言ったら洗礼を受けると決めていたんだ。「なれる」ではなくて。どうしてそう決めたのか、いまとなってはよくわからない。ひょっとしたら、私が求めていたのは納得のできる答えではなくて、不合理であっても有無を言わさぬような力、私に決断をうながす最後のひと押しのようなものだったのかもしれない。

ところが牧師さんは私の内心の賭けに反してこう言った。

「いや、いいんだ。私たちはすでに救われている。キリストの磔刑によって、すでに救われた罪人なんだ」

この答えは当時の私の理解を超えていた。すでに免罪になってる罪人! そんなことが当時の私にわかるはずもなかった。ただごまかしているとしか思えなかった。それで私は洗礼を受けるのをやめた――いや、いったんやめようと思ったんだが、その頃、私はひどい精神的な危機に陥っていて、他にすがるものも思いつかないうえ、牧師さんとのつきあいも長かったので、私の気持ちは揺れに揺れ、切羽詰って、またこう切りだした。

「先生、やっぱり洗礼を受けようかと思うんです」

すると牧師さんは即座に、

「やめなさい」

と言った。

「信仰というのは人を信じることじゃない。神を信じることなんだよ」と。


――うぅむ、それは偉い牧師さんですな。

そう思う。本当にね。信じることの力を如実に感じさせてくれた宗教者は、彼だけ。残念ながら仏教のお坊さんにはいなかったね。だから、宗教者として尊敬しているのはいまでもその牧師さんだけだ。彼の答えには絶望したけれども、やはり優れた宗教家だと思う気持ちは変わらない。

問いをいだきつづける人々

――しかし、それではキリスト教に未練があるってことはない？　仏道ではなくてキリスト教を選んでいたら、と思うことはないの？

それはない。まったく。私にとってはそれでよかった。キリスト教にせよ西洋哲学にせよ、私が真に依って立つものではないという思いは、そののち、どんどん大きくなっていったんだから。

――他に影響を受けたものはある？

私もいろいろ本を読んできたが、そのなかにあまりに強烈で、反転すれば仏陀になるかもしれない――つまり仏陀のネガ――と思ったような人物がいる。ドフトエフスキーの『悪霊』に出てくるスタヴローギン。実在の人物では、アドルフ・ヒトラーだ。彼らは強烈な自己愛、あるいは強烈な自己嫌悪の帰結を象徴的に示している。すなわち、自分自身に対する強烈な不安をいだき、にもかかわらず自己に執着してどうしようもない心性の行きつく先がそこにあるような気がする。

一方の仏陀も、あれだけ「無常」だの「無我」だの言ったからには、「絶対正しいこと」や「絶対崩れないもの」に対する強烈な憧れがあったに違いない。だから仏陀も彼らの同類なんだ。しかし仏陀は、生老病死のなかで実存を考えたときに、それは無理だとわかった。

――強烈な自己愛か自己嫌悪のない人に仏教はいらない、というわけか。

そうかもしれない。ただし、そこには大きな違いがある。ヒトラーもスタヴローギンも、明らかに何かを断念しきれていない。仏陀は断念したんだ。強烈な自己愛と自己嫌悪のある人が、それでもこの世における解決を断念した。それが仏陀の凄みだよ。そして、それこそ私が仏教をわが道と思い定めた理由なんだ。

――とはいえヒトラーやスタヴローギンの問いを捨てておいてよいわけではないと思う。たとえば、ぼくは、神道学者の鎌田東二氏(8)が『呪殺魔境論』(河出書房新社)で示した「問い」に対する感受性にひどく共感したことがある。オウムや酒鬼薔薇事件をとりあげて、これは魔境だけれど「問い」の部分は肯定せざるをえないと言った。かつてはシモーヌ・ヴェイユ(9)やヒトラー、『罪と罰』の主人公ラスコーリニコフのような特殊な人間に固有であった問題が、現代の日本でものすごいひろがりを見せていることをきちんと考察していたよ。

むかしはそういった「問い」を封じこめておくことができたんだね。ひと言でいえば、金を稼ぐのが先決だったから。だから高度成長期は「働かなくてはならない」「勉強しなくてはならない」という圧力で封じこめておけた。ところが、八〇年代のおわりから九〇年代にかけてその手が通じなくなって問題が噴出しはじめた。

子どもの頃はみな「問い」を持っているはずなんだ。そして「特殊」といわれる人は、実は、子ども時代の問いをかかえつづけている人にすぎない。彼らは自我がまともにできていない頃の、実存が脆い時代の体験や問いを引きずっているだけで、決して資質が特殊なのでも性格が異常なのでもない。

だから時代の枠組みや制度が崩れると、抑えつけていたものが外に吹きだしてしまう。個人の問題ではなく、社会の側の「問い」の処理方法が通用しなくなったのだと見きわめ、そこをどう手当てするかに、今日の仏教の、いやもっと広く、今日の宗教の課題もあるのではないだろうか。

第3の対話……仏教は何を問題にしているのか

仏教に賭ける

――この前の話からすると、和尚は「諸行無常」とか「自己をならふ」といったことばにぶつかって仏教に惹かれ、しかし根拠もなく意味もない人生を生きる理由がなおも疑問で、ついに実践に踏みきった、そういう成り行きなんだね。

そう言われると身もフタもないが、まあ、そんなところかな。

――その、いざ出家というときの気分は、どんなだった？

端的にいえば、「生きるほうに賭ける」という感じだった。

――仏教の思想とか、修行とか、戒律とか、そういうものはさておいて、「生きるほうに賭ける」？

だって、結局、何ひとつわからないんだもの。自己の由来もわからない。生の意味もわからない。しかも人は自殺することができる。私に残されたのは、仏教を頼りに「生に賭けるかどうか」だけだったんだ。

――とはいえ、生に賭ける根拠もないでしょう？

ない。ただ、絶対に当たると思って競馬の馬券を買う人はいない。いたら八百長だ。どんなに馬の血統や戦績を研究したところで、「当たるかもしれない」としかいえない。だから私が仏教をやっているのは、競馬の予想師と似ている。「仏教が一番当たりそうだ」ということに尽きるね。

――何だか「パスカル(1)の賭け」を思いだすな。

私もむかし「パスカルの賭け」には強い印象を受けたもの。

――神がいなければ、信仰厚き人も無神論者もどちらも死んで無に帰すのみ。しかし万が一にも神がいたら、無神論者は無に帰すだけだが、信仰者は永遠の幸福と永遠のいのちに預かることができる。したがって信仰は負けのない賭けである。神を信じれば、永遠の幸福の可能性――その可能性がどんなに小さいものであっても――があるだけ必ず得だ、という話。ひどく功利的で、考えようによっては、ひどく冒瀆的……。

パスカルはひょっとしたら、西洋思想のなかで唯一まともなニヒリストかもしれない。彼の路線を徹底すれば、逆に、神なしでもやっていけるのではないかと感じるな。ただ……。

自殺というアポリア

ただ、私にとって最大の難問は、信仰ではなく、「自殺」の問題だった。だって、一発必殺のカードじゃないか。困難のすべてを解決する。これをなぜ捨てる必要があるのか。なぜ自殺してはいけないのか。実際、私もひとりの僧侶として、何人もの自殺志願者の話を聞いてきたんだ。彼らは自殺について、とことん理由を考えている。とうてい理屈で説得して翻意させることなんかできないね。

そもそも私自身が「どうせ死ぬのになぜ生きなくてはならないのか」と、くりかえし考えてきた人間だよ。彼らの言うことは身に沁みてわかる。それほど苦しいならば「死ぬ」という選択肢があってもいいではないか。そう考えるのも当然だと思う。

――にもかかわらず、和尚は生きた。

そうさせたのが、仏陀その人だな。仏陀も私と同じことを感じていたにちがいない。その仏陀も結局、八〇年生きた。この人が何を考えていたのかを私は知りたい。ところがそこを明晰に言う仏教書がない。だから私自身が仏陀のように生きて確かめるしかないと思ったんだ。

――では、和尚も自殺したいと考えたことがあるわけ？

いや、私自身は、自殺しようと思ったことは一度もない。そうではなく、なぜ人間に自殺という選択肢が与えられているのかに悩んだんだ。

――それならまず、自殺をしてはいけない理由とか、自殺をしても意味がない理由を考えるでしょう？

私もそういう理由を考えてはみたんだ。私が小学校六年生のとき、子どもが自殺して新聞沙汰になったことがあった。当時としてはめずらしい事件だったので、教室もその話題でもちきりでね。そのとき、私がひそかに好きだった女の子が「勇気のある人だ」と言った。まわりの同級生のなかで、ひときわ大人びた印象的な発言だった。私は少しムキになって、何とか言い負かして、彼女にいいところを見せたいと思った。いや、女の子を言い負かしたらカッコいいと思ってもらえるというのが、そもそも子どもの発想だけどね。

――ふつう嫌われるだけだろうがねえ……。

とにかく、それでいろいろ理屈を考えた。自殺しても実は何も変わらず、何もかも死ぬ前と同じ人生が待っているだけかもしれない、とか、自殺者だけが行く地獄があって余計に苦しむだけかもしれない、とか。

――なるほど。いま生きているのがつらいとしても、死んだら楽になれるとどうして信じられるのか、ということだよね。

そう。しかし、それでは説得できない。なぜなら自殺もやはり可能性への賭けだから。なるほど可能性としては、自殺したら地獄が待っているかもしれないし、いまの人生と同じ人生に戻るだけかもしれない。しかし反対に、もっといい人生が待っているかもしれないし、平和で幸福な天国へ行けるかもしれない。何よりも、何も感じず何も考えなくていい「無」の世界に帰することができるかもしれない。死んだら楽になれるとはかぎらなくても、楽になれる可能性はあって、それに賭けることができる。常識もその考えを後押ししている。

――なかなかむずかしいところだよねえ。

それから私の経験で言うと、最近の自殺のなかには、エネルギーそのものが涸渇して、消えていくように死ぬ人がいる。あとさきを考える力もない。悩みもしない。ただ何となく死ぬ。こういうタイプが一番危険なんだ。自殺というより自然消滅に近い。くたびれはてて「もう眠らせて……」という感じで死んでいく。

――いるような気がするね……。

ただし、私の問題は、自分が自殺したいわけではなく、あくまでも自殺という選択肢がなぜ人間にあるのかということ。言い換えれば、人間には「生」と「死」という選択肢があり、どちらも自分の意志で選べるのに、なぜ「生」を選ぶべきであって「死」を選ぶべきでないのか、ということなんだ。

――ぼくは以前、寺山修司が自殺する犬の話をエッセイに書いているときいて、一生懸命調べたことがある。いまだに本当のところはわからないけど。しかしノイローゼや鬱状態になる犬はいるようだが、現実に自殺する犬は見つからなかったね。真偽不明の伝説めいた話を除いて、だけど。

でね、そうだとして、もし人間だけが自殺できるとすれば、自殺は人間に与えられた特権じゃないかな。根拠もなく「苦」に苛まれているならば、特権を行使して死んでしまってもいいのではないか。目の前で「自殺したいのですが、いいですか」と訊かれたとき、和尚は「やめろ」と言い切ることができるだけの理屈はない、って言うんでしょ。ぼくだってそのうち死にたくなるかもしれない。そのときは死んでもかまわないというわけ？

仏教には不殺生戒がある。そこで自殺は禁止だ。受戒している私がよいというわけがない。が……。

――が……？

不殺生戒はあるんだが、原始仏典には、自殺した人が来世でいい世界に生まれ変わったという話がけっこうある。つまり、はっきり態度が決まっていないんだ。

――確かに仏典にはヴァッカリやゴーディカの逸話(2)があるな。ヴァッカリについては、病気でひどい痛みに苦しんでいたから、自殺というより安楽死といえるかもしれないが、ゴーディカは、悟りの境地を失いたくないがための自殺にすぎない。ブッダの直弟子アーナンダにも、自分が揉めごとの原因になりたくないというので自殺したという伝説(3)があったらしい。

こうなると理屈ではどうしようもない。だから私は、自分の「生きる」意味は、みずから「生きる」と決めたときにしか現れてこないと思ったんだ。

道元の賭け……正信

そのとき私にとってひとつのヒントになったのは、「なぜ坐禅をするか」ということだった。あれだけ只管打坐というからには、道元禅師には何か理屈があるはずだと思っていたからね。でも『正法眼蔵』の「弁道話」には、「仏陀以来みんな坐禅しているのだから、やれ」といったことが書いてあるにすぎない。まるで「なぜ坐禅するかなどわからない。わからないが、偉い人もやってきたのだからやれ」という感じ。そのとき私は、これが彼のいう「正信」ではないかと思った。

親鸞も『無量寿経』などを持ちだして、「むずかしいなかでも一番むずかしいのは信じることだ」と言っている。これにも私は納得できた。賭けに踏み切るのは、一種、身投げのようなものだろうから。

したがって、自殺したいという人がいたら、理屈で説得しても仕方がないんだよ。「私は生きるほうに決めた」としか言えない。だから「あなたにも生きてほしい」と頼むしかない。「せっかく会ったのだから、私が生きているあいだは生きていてくれ！」——ただそれだけ。

——自殺願望のある人に対しては理屈が立たないというのはわかるが、お願いだけというのもなんだかなあ……。

私だって本当は、自殺してはいけない理由、生きつづけなくてはいけない理由を、理屈で説得されてみたいと思う。ドラマやなんかで、よく苦難に耐えた主人公が、「生きてるって、それだけですばらしいことよ」といった科白を言うけれども、私には全然理解できない。なぜ「すばらしい」なんて言えるのかね。

——自殺はある種、我執の極みであるから、それがいけないと考えるのはどう？　自殺そのものが悪いのではないが、その人が怒りや恨みや悲しみに衝き動かされているなど、自殺にいたる心の過程の如何によっては、禁止されるべき自殺もある。自殺してもよいが、まずそれらの煩悩を退治するのが先だ、とか。

それでは、修行を完成させるために自死するのだったらいいわけだ。いいことなんだから。たとえば、即身成仏(4)がある以上、真言宗は「いい」というしかないかもね。さきほどのゴーディカの例もあるし。さらに極端にいうと、修行上の自殺はたいへん結構だ、断食してみんなで死にましょう、坐禅したまま自殺しようという話にさえなるかもしれない。

――そうすると、苦行もいいことになるよね。自死するほどの修行は苦行以外の何ものでもないだろうし。しかし仏陀はそんな苦行を認めていない。

で、結局、どう考えても私に結論は出せない。だからこそ、あれだけ「生は苦だ」と言い、「自分を消せ」「自己を滅せよ」と言った仏陀その人が、八十年も生きたという点に賭けるしかない。われわれも仏陀のように、「苦」の正体を見定めたうえで、なおも最後まで生きるというあたりに、倫理の根拠を問わざるをえない。

おそらく私には、いわゆる信仰はない。道元禅師のいう「信」や「正信」といわれるものしかない。その正体は「理由はわからないが、生きていくほうに賭ける」ということだ。だから私は、仏教を「信じている」とは言わない。「頼りにしている」と言う。

空海

私の考えでは、「生きているってすばらしい」という方向を徹底的に突きつめて考えたのは、即身成仏もありうる真言宗の開祖・空海だね。彼は生をとことん肯定しようとした。通俗的な仏教書の多くが、深く考えもせずひょいと使う「大宇宙の生命」などというものと、自分のまさにこの「生」との関係を、本当に律儀に追求したんだと思う。その意味で、道元禅師と並ぶくらいの思想性の深さを空海には感じる。彼はごまかさない。私が強い関心を持つ日本の仏教者は、道元禅師以外では、この空海上人と親鸞聖人だ。

――でも、和尚、生命そのものの全面肯定は、原始仏教を基準にとるならば、やはりありえないんじゃないの？

そうだろうね、理屈からして。だが、仏陀はともかく、私がもし生命や自己存在を肯定しようとするなら、それは自己否定する力としてしか働かないと考える。自己のありようを否定する、まさにその行為によって、その根底にある自己肯定が炙りだされる。なぜなら、自己を否定できるためには、その否定を肯定する深い力がその基盤になければならないからだ。

しかし、自己否定によって反照的に示すことはできるとしても、自己肯定そのものを、そのままつかみだすことはできないと私は考えるし、道元禅師もおそらく同意してくれると思っている。

ところが空海上人は、自己肯定そのものをとりだせると言い、現につかみだしてみせたようなところがある。初めて著作を読んだとき、その思索の深さ、強烈さ、力は本当に衝撃的だった。しかし彼の全面肯定の論理は、私にはどうしてもなじめない。


——それはまたどうして？


『十住心論』をはじめ、いくつか読んだんだが、ともかく一番驚いたのは、『吽字義』や『声字実相義』における言葉に対する異常な感覚だね。道元禅師とまったく逆の意味で、ものすごい発想。

彼には言語に対する強い信頼がある。真「言」宗というくらいで、「それ如来の説法は必ず文字による。文字の所在は六塵その体なり。六塵の本は法仏の三密これなり」、つまり「この世のすべては大日如来のことばだ」と言い切ってしまう。こんな言語に対する強い信頼の感覚は私にはない。

――まるで「太初《はじめ》に言《ことば》あり」（ヨハネによる福音書冒頭）というキリスト教のようだよね。

私の場合、子どもの頃の喘息の発作なんかで、言語体系が崩壊し、言葉が自分から離れた瞬間に、世界がバラバラになってしまうような体験をさんざん味わったから、

「大日如来のことばがこの世界だ」

「言語がそのまま世界だ」

という感覚には馴染みがある。ただし、その言語は信用できない。世界は言語からできているのに、その言語は信用できない。この矛盾。だったら世界は虚妄にすぎないのか。

それに対して空海は、「おまえたちが使ってる言語はロゴスの世界、すなわち皮相な世界にすぎない。その裏に真言、すなわち真のことばがある」と言う。これこそ全面的な存在肯定だ。これは強い。この思想に全面的に納得できたら、どんなによかっただろう。

密教の世界観

——うーん。言語にからむ密教の世界観をイメージするのはむずかしいな。ただ、ぼくは以前、非常に興味深い説明を聞いたことがあるんだ。

大まかな比喩で言うと、人間の言語体系は、世界の表面に張りめぐらされたタイルのようなもので、一見世界全体を覆っている。人間は世界「内」存在であるから、言語のタイルで内張りされたドームのなかにとらわれているといってよい。

しかし実は、タイルとタイルのあいだには細かい亀裂が網の目のように走っている。あまりに微細なので普段は見ることができないが、真言《マントラ》、すなわち大日如来のことばによって顕在化する。真言によって世界の表面を走る言語のつなぎ目はこじあけられ、その隙間から、言語世界の向こう側が光の雨となって世界内部にふりそそぐ。

言語体系のつなぎ目から侵入してくるまばゆい光は、いわば世界の「潜勢力」だね。言語外の存在であるから、ことばになるはずがない。しかし密教は、それを「真言」といって、日常言語とは違う「言語」だと言い切る、というわけだ。

面白い。私も、われわれの実存は言語内存在だろうと思う。そして密教が通常の言語世界の彼方を問題にしているのもわかる。しかし言語体系の外部から侵入してくるものを、どうして「われわれの使ってることばとは違う力を持ったことばだ」と断言できるのか。われわれの言語秩序は確かにきわめて脆弱かもしれない。しかし、その外部については、端的に「わからない」としかいいようがないはずだろう。

だいたい言語を超えたものを名指ししてはいけないんだ。「言語を超えたもの」とすら呼んではいけない。そう言った瞬間に、別のものにすりかわってしまうから。

道元禅師の著作を読んでいると、「語りつづけることに対する抵抗感としてしか、語りえないものは現れない」と言っているように思う。

禅師は「非思量」とか「不思量」ということばを使うが、この「非思量」や「不思量」に何か実体があるわけではない。つぎつぎと直前の「思量」(思い、考え)を否定しながら進んでいくとき、その過程に何ともいえない摩擦感や抵抗感がある。ことばでは言いきれない何かが残っている感覚がある。この無限運動のような否定のくりかえしのなかにしか、ある種の非言語圏は現れてこないのではないか、と思う。いつまでたっても言い切ることができず、それゆえ、いつまでたっても「余り」が出る。

――それは何か、人間の有限性の問題と重なっているような気がするな。確かチベット仏教では、心身を微細なレベルによって把握するときいている。しかし、どんな微細なレベルでも、もっと微細なレベルは必ずあるから際限がない。どこまで把握しても把握しきれない残余が常に残ってしまう。であれば、残るものがあることを認めて、完全な把握を断念することこそが、ある意味で仏教のエッセンスなのかな。

「断念」と、どこかの段階で言い切る？

――完全な把握の不可能性、人間の有限性の認識こそが重要だという意味で、ある段階まで分析して、そこで断念するというわけではないという意味だけど。

そうだろうね。そこで「断念する」と言い切ってしまうと、結局、残余を否定するのと同じになってしまう。

――さすが和尚、きびしいな。

語りえないものを示す『中論』の論理

私が気になるのは、真言密教は、われわれの日常言語の裂け目の向こうに、潜在的な真言の世界があると言ってしまうことなんだ。

私は言語の向こう側の領域を、たとえば「それは真言である」のような「AはBである」というかたちの命題としては語れないはずだと思う。いくら語っても、語りつくせない「余り」が出る。どうして「余り」が出るとわかるのかと問われれば、「語ったところで余る」という事実でしか答えようがない。

このくりかえしで、どんなに言い切っても言い切っても、しばらくすると余りが出ていることがわかるんだ。常に言語が言語を裏切る。なぜ言語が言語を裏切るかといえば、たぶん言語が言語でないものと関わっているからだろうとしか言えない。問題は、みんなその「余り」に名前をつけたがること。

いったん名づけたら、それを「真言」といおうが何といおうが、日常言語の文脈に入ってしまう。だから名づけないままにしておくしかないはずだろう。

——ウィトゲンシュタイン同様、「語りえぬものについては、沈黙しなければならぬ[5]」というわけか……。

西洋ではウィゲンシュタインだが、私は、ナーガールジュナの『中論』に出会ったときに「これだ！」と思った。ナーガールジュナは「余り」が出てあたりまえだと思っている。世界は言語だと徹底的に了解したうえで、なお言語では語りえないものがあると言う。無常を論理化すればこうなるというすがたを見事に展開し、しかもその論理は、破綻を運命づけられているる——否、彼の論理は破綻を目的としているといってもいい。論理の破綻を眼前に突きつけたうえで、メタの視点から、論理やことばは究極には成立しないことに気づかせる。だから『中論』は論理の書物ではなく、〈気づき〉の書物というべきなのかもしれない。

『中論』の奇妙な構成

——ぼくも『中論』には言いたいことがある。問題はその構成だ。前半の論理分析は、ある意味よくわかる。惚れぼれするような切れ味鋭い論理。しかし論理を破綻させ、ディレンマやテトラレンマ[6]に追いこむまではいいが、それによって何をめざしているのかがわかりにくい。

だからこそ、ナーガールジュナの「空」の解釈をめぐっては、人によって意見がほぼ正反対にわかれるように思うんだな。しかも後半、突然に十二支縁起が出てくる。(7) これには困惑させられる。というのも『中論』は最初のほうで因果を否定しているんだ。にもかかわらず、最後になって「十二支縁起は正しい」という話をする。このあたりをどう整理すればいいのか。和尚はどう思う?

簡単にいえば、ナーガールジュナも、結局「それでも生きるべきだ」と考えたのだと思うな。思うに『中論』の構成は、『正法眼蔵』の七十五巻本と十二巻本(8)の関係とよく似ている。七十五巻本は、道元禅師が考えめぐらした思想を言葉で追いつめたもの、十二巻本は、おそらく仏教者の主体性の問題を綴ったものと私は考える。

主体性が問題になった理由はおそらく鎌倉下向だろう。一二四七年(宝治元年)に、禅師は、時の執権・北条時頼の要請に応じて鎌倉に行き、時頼に菩薩戒を授けている。時頼は道元禅師を引きとめるため、寺院の建立や荘園の寄進を申しでたけれども、禅師はそれを断って、永平寺に戻っている。このときの経験を通じて、教団や僧侶の主体性をこの世の中でどうやって確立するかが、あらためて大きなテーマになったのではないかと思うんだ。

『中論』も、あれだけ強烈な言語哲学を開陳していたのに、最後に突如、十二支縁起を説くのは、そこで主題が変化したからではないだろうか。つまり、そこでナーガールジュナは「仏教者はいかに生きるべきか」を示そうとしているのではないか。

もちろん、そこには明らかな断絶と飛躍があるんだが、前半に展開した認識を前提としつつも、「修行僧よ、かく生きよ」と言いたかったのではないか。

――なるほど、一理あるかな。

龍樹菩薩の鋭利な論理は言語をつぎつぎと矛盾に追いこみ、いわば世界のすべてを否定してしまう。しかし否定して何もかもなくなったとき、さて、どうするのか？　生きる根拠も何もないではないか。しかし、それでも生きろ、と……。

――和尚が話していた、青年時代に読み漁った実存哲学への不満への解答みたいなものかな。世界は無意味であり、不条理である。人生は無意味である。そして死が待ち構えている。しかし死の不安も世界や人生の無意味さも真正面から受けとめたうえで、それでも「生きる」と決意する――前の和尚の話をぼくなりに整理すると、そんなところでしょ。

しかし死の不安や世界の無意味さを受けとめることと、「生きる」と決意することのあいだに実は必然的な関係はない。「生きる」と決意するのは一種の暗闇のなかの跳躍である。いわば『中論』の前半が世界の無意味さをあばく段階、後半が「生きる」と決意する段階に対応すると、こういう考えでいいの？　もちろん厳密に対応するというわけではないだろうけど。

そうかもしれない。あまりはっきりと意識はしていなかったけどね。実は、道元禅師の『正法眼蔵』も、七十五巻本では因果には実体がないと否定しておいて、十二巻本では「深信因果」とか「三時業」を持ちだしている。ポイントは「深信」というふうに「信（じる）」という言葉を使っていることじゃないだろうか。実体論的な因果の解釈は拒否しつつ、主体構成の手段としては使う。

おそらく『中論』も同じで、前半は認識論的な問題、最後は実修論的な問題と考えれば、ある程度整理がつくと思う。実修論的な視点があるからこそ、私にとって『中論』は仏教書であり、ナーガールジュナは仏教者だという感を強くするわけだ。

縁起をめぐる論争

――もうひとつ聞きたいんだけど、和尚の考えでは、『中論』の前半は、ひたすら言語世界を解体しているのであって、解体のはてにある「何か」を主張しているのではない、ということになる?

微妙なところだが、まあ、そのとおりかな。私はね、もともといわゆる仏教全般に不満がある。それはさきほども言った、言葉で表せない「余り」の部分についてなんだ。『中論』には明らかに「余り」がある。しかし、その「余り」を主張しているのではない。『中論』の論理を追っていると、結果的に「余り」が浮かびあがってくるという感じ。

しかし、のちの唯識思想や中国で誕生した天台や華厳、さらに日本の仏教は、その「余り」の部分を丸めこんで、割り切れるようにしてしまったように思う。たとえば縁起説が予定調和の思想に変質していく。唯識思想も密教もそうだ。

中国では天台宗の開祖・天台智顗がいる。彼はかなり用意周到に思索を展開するけれども、中国は畢竟、老荘思想や孔孟思想の国だ。その伝統に引きずられるのか、「余り」の部分を消去してしまうように見える。

――みんな「おたがいさま」。相互依存、相依相待というわけか。

そう、そのとおり。一切が円融して、「結構な世界です、ありがたや、ありがたや」といった話になってしまう。それに、仏陀にあった「苦」や「無常」に対する先鋭な感受性は、ナーガールジュナの『中論』の論理のなかには生きているのに、その後の仏教の展開においては、消そう消そうとしているとしか思えない。

――いま和尚は縁起説と言ったけど、縁起説は仏説の根本とされているのに、どう理解すればよいのか、わかりにくいよね。和尚はどう考えているのか、ここで聞きたいね。

じゃ、完全な私見ね。縁起説、たとえば「十二支縁起」をどうとらえるかは、仏教のなかでもややこしい問題だ。私自身は「十二支縁起」は仏教のオリジナリティを担っている概念だと思うのだが、学者の本を読んでも首を傾げてしまうことが多い。縁起を論理的な相依相待と見て、十二支縁起もその方向で解釈していく考え方もあれば、時間的な因果関係として考える人もいる。時間的な解釈といっても、過去・現在・未来にわたる因果関係を説明したとする、いわゆる「三世両重の因果」という考え方もあれば、日常経験する肉体や精神の働きを説明するとする「連縛縁起[9]」の考え方もあって、本当にばらばらなんだ。

――ぼくがちらときいた日本の学会の議論では、かつて宇井伯寿氏[10]や和辻哲郎氏の説と木村泰賢氏[11]の説が対決し、宇井氏の「論理的解釈」の流れが勝利して、つい最近まで近代仏教学の主流をなしていたという。しかし現代の学者で切れ者として名高い松本史朗氏は、仏教は十二支縁起に極まると言いながら、無明から老死に至るプロセスが、時間的な前後関係だと言っている。まさか倶舎論の胎生学的な解釈――三世両重の因果――を念頭に置いているわけではないだろうが、そうでないとすると、「無明」から次に「行」が生まれ、「行」から「識」が生まれ、というプロセスは何のことだかわからなくなるし……。

そう。そもそも十二支縁起の基本的な考えかたは、仏教が強調する人間の実存的な「苦」を説明する方法だ。その「苦」が生じる過程を「無明―行―識―名色―六処―触―受―愛―取―有―生―老死」という十二の項目の関係のあり方に求める。この考えかたが縁起。

しかし、ここで私が問題だと思うのは、それぞれの項目が何を意味しているのか、あるいは項目同士の関係がどのようなものかが、よくわからないことなんだよね。

――解釈が本当にいろいろあるもんねえ。

ひとつの有力な解釈が、さきほどから述べている「三世両重の因果」。これは輪廻転生を前提としたうえで、十二の項目を、過去の原因と現在の結果、現在の原因と未来の結果にわけて、たとえば「無明」と「行」は過去世の煩悩と行為であり、「識」「名色」「六処」は過去の煩悩と行為によって、現在世に母親の胎内で肉体や感覚器官が発生する時期、というふうに、ひどく生物学的・胎生学的な説明をするんだな。

――なんだかいま聞くと、ひどく迷信っぽい時代遅れの感じがするな。

だから、どうにもよくわからない。最初の「無明」からして何のことかよくわからない。しかし「無明から行が出る」とか「行から識が出る」というとき、それが何のことか言えなければ説明にならない。何を言っているのかもわからないのに、「十二支縁起」を錦の御旗にして人を説得なんてできないよ。

――わからなくてもいい、信仰の問題だ、ということかな?

意味不明なことを信じろというのはまずいだろう。それに、縁起は仏教の説明原理だから、信仰の対象というのはそぐわない。

部派仏教で失われたもの

――そもそも、部派仏教の解釈自体が、リアルでないよね。

というか、仏教の歴史において、「十二支縁起」は部派仏教の段階になった途端、隅に追いやられてしまう。残りの教理は一種の存在分析になり、三科(12)という範疇ごとに整理された存在が、どう実存に組みあがっていくかを因縁話で処理していく。そして最後に実践が来る。確かに体系としてはよくできているけれど、「十二支縁起」がものすごく矮小化されてしまっている。

――つまり部派仏教はある種の巨大な理論操作を行っているということか。仏陀が実践・思想・行動のなかでとらえたものをうまく整理した一方で、リアリティを喪失してしまった、あるいは、別のものに変質してしまった。

かつて、大乗仏教は仏陀直説の教えではないとして「大乗非仏説」が提起されたし、上座部の人からも、仏教とはまったく違うものだと非難されるが、部派仏教だってかなりひどい加工を施しているわけ。

道元禅師は『正法眼蔵』のなかで、「論は部派が優れている」と言っている。禅師の重点は多分に戒律だろうが、歴史的に北伝の大乗仏教・大乗仏典がつねに優勢で、部派仏教である「小乗」仏教や阿含経を低く見る日本の状況下においても、禅師は「理屈としては使えるので、(部派仏教を) 否定する必要はない」というスタンスを保っていた。

それだけではない。道元禅師の真の狙いは、それを越えたところにあったとさえ考えられる。ありていにいえば「原始仏教」、すなわち「仏陀の説いた仏教そのもの」をめざしていたと思うのだね。もちろん禅師はパーリ語もサンスクリット語も知らなかったので、部派仏教を通じて、直観的に、その彼方にある仏陀を見ようとしたのではないだろうか。

そう思う根拠は、道元禅師のプラグマティズムにある。『正法眼蔵』は「正法」と題名にも入っているのに、贋もののお経だって使いようによってはいい、と言っている。どこが「正法」なんだ、と突っこみたくなるよね。

——偽経でもいいってわけ?

考えようによっては、ちょっと異常な感覚だろう。しかし、それが可能だったのは、禅師の狙いがはっきり定まっていたから。つまり禅師自身の問題意識が仏陀の問題意識と重なっていると確信していたからではないか。それを基準にしたからこそ、マキャベリスティックなほどのプラグマティズムで、お経や論を取捨選択し、相対化して突き進むことができたのではなかろうか。

――だったら、和尚もゆくゆくは目指しているらしい、仏教におけるある種の原理性の復活には、十二支縁起の解釈は避けて通れないんじゃないの？

そう。だから、若干無理をしてでも、縁起について自分なりに何か言っておきたい。「自分なり」とあえて言うのは、たいていの仏教学者は「この資料にはこう書いてある」「こちらの本にはこう書いてある」というだけで、一番ききたいこと、肝腎なことを言ってくれないからだ。

たとえば十二支縁起では、「無明」と「識」のあいだに「行」（サンカーラ、サンスカーラ）がある。「形成力」という意味だという。しかし「形成力」って何？　何を形成するのか？

カルマみたいな話か？　そもそもこれを「形成力」と訳す根拠はどこにあるのか？　――と、どんどん疑問が膨らむばかり。

だったら、道元禅師のプラグマティズムを見習って、思想史上とか文献学上の決着はともかくとして、私個人の問題としての解釈を言うしかない。

――ぼくだって、和尚自身の解釈がききたい。学会の論争や仏教史の話は読めばわかる。

無明とは言語である

私は、人間の実存を考える論理モデルとして、十二支縁起を考えている。十二支縁起の最初は「無明」。私は「無明」とは、龍樹が『中論』で述べている「ことばの虚構」（戯論）、すなわち「言語に拘束されていること」だと思う。その根本は「言語機能」であって、「ことばで言い切ってしまえる世界を信じたらまちがうぞ」ということではないか。

仏教書を読むと「無明とは根本煩悩のことだ」と書いてあったりする。しかし「根本煩悩とは何か」というと、わからない。むしろ私が実感するのは、言語機能の作用や働きが煩悩の根源にあって、縁起世界を見えなくするのではないかということだ。

もしこの世界が本当に言語だけでできているならば、言語機能だけですべてが完結してしまうはずだろう。ところが実際はそうではない。言語機能自体が何かに依拠し、依存して存在している。

誤解してもらっては困るのは、言語学や言語哲学でいわれるように、あるひとつの語の意味が、他の語や言語全体に依存していると言いたいのではない。言語構造それ自体の全体が、言語構造ではない「何か」に依存してできあがっているのではないか、ということ。われわれの生、われわれが現実世界と思っているものは、その「何か」に根ざしているが、そこに気づかないまま、言語というものを実体とみなして生きている。私たちの認知構造、脳の構造は、言葉を実体として生きていくようにできている。そこにとてつもない矛盾がある。この矛盾が「無明」であるという気がする。

――ちょっとわかりにくいね。ふつうの人は「ことば」と「もの」は別だと考えている。たとえば、箱のなかに饅頭があり、それを表すものとして「饅頭」ということばがある、と思っている。和尚は、ことばの「饅頭」だけでなく、ことばが指示している（とわれわれが思っている）饅頭そのものも、実は、ことばだ、と言いたいの?

そのとおり。順を追って話そう。私はまず意識自体が問題だと思うんだ。なぜなら、君が箱のなかにあると思っている饅頭も、いわば意識に映る、意識のなかの饅頭でしかない。何ていうか、われわれは自分の知覚や観察から独立に実在を考えることはできない。これは唯識の主張とは別で、外部の世界があるかないかとはさしあたり関係なく、われわれの最初の手がかりは意識しかないということだ。

しかし「意識とは何か」を考えようとすると、今度は、考える手段は言語しかない。

そこで言語を手がかりに意識に迫ろうと考えたときに、「言語と意識は同時ではないか」と思いついたんだ。言語と意識は同時発生ではないか。……これをどう説明すればいいのかずっと考えあぐねていて、適切な例かどうか自信はないが、いま思いつくのは、ウィトゲンシュタインのアヒル－ウサギの図だね。

——例の、アヒルとして見ればアヒルに見え、ウサギとして見ればウサギに見える有名な図像ね。ジャストロー図形といったっけ。ある図形が見ようによって、「アヒル」と関連づけられるのと、「ウサギ」と関連づけられるのとで、（意識に映る）世界の相貌そのものが変わってしまう、あれね。

同じように、われわれが日常何げなく見たり聞いたり匂ったりしている世界の相貌そのものにも、実は、言語がすでに織りこまれているのではないか。たとえば、われわれが箱のなかにある饅頭を見るとき、すでに「饅頭として」見ており、言及する必要があるときは、あらためて「饅頭」ということばとして口に出すだけではないのか、と。

――これは、そういう喩えでしか語れないレベルの話かもしれないなあ。

そう、うまく説明できなくて恐縮。それでもとにかく、意識そのものにすでに言語が織りこまれているとすれば、その言語が織りこまれた意識から、われわれは言語の背後にあるものとして実体を措定する。これが言語を実体とみなすということなんだ。こうして意識自体が一種の病になる。こういう言語と意識の構造がまさに「無明」ではないか。

――しかし、意識に言語が織りこまれているために、われわれには言語しか見えないとしても、そこには言語でない要素もある。だから言語構造が依拠している「何か」は確かにある。

ただ、それをことばで名指すと、もうだめ。それは言語の埒外にある要素を言語化しようとする、自己矛盾に満ちた試みになる。

にもかかわらず多くの人は、言語構造が依拠している「何か」を言語で言おうとする。曰く、「ブラフマン」「アートマン」「神」……。言いえざるものを言って言語構造のなかに入れてしまう。このわれわれのどうしようもない傾向性、これが「無明」ではないか。言語構造は「余り」が出るからこそ構造として成立していることを忘れ、強引に言語のなかへ入れこもうとする。ひょっとしたら私たちの脳の構造がそうできているんだろうか。だからこそ苦しむ。であれば、われわれに必要なのは禁欲だ。つい言いたくなる衝動を抑制する慎みなんだ。

――しかし、ものの本によれば、伝統的なインド思想でも「アートマン」は名指しすることができないというでしょう。和尚の言う「余り」は「アートマン」とは違うの？

中村元博士の「非我」説が有名だが、博士は、ウパニシャッドの哲人ヤージュニャヴァルキヤ[13]が、「アートマン」について「しからず、しからず」と説いていることなどを引き、その原始仏教との類似性から、仏教「非我」説を立てられた。仏教は本来「我」を否定しておらず、「無我」説ではない。仏教が説いたのは、心や肉体の構成要素やそのほかの、名指しできるものがアートマンではないということであって、名指しできないものとしてのアートマンは否定していない、というわけ。

しかし「無我」か「非我」かを決定的にわけるのは、その「何か」が恒常普遍の実体であるか否かにある。私たちの言語構造は言いえざる「何か」に依拠しているが、その「何か」は決して確乎たる普遍の実体ではない。「無常」だ。だからそれは「我」ではない。むしろ言語こそが何かを「とどめる」もの。言語が恒常とか普遍といった概念を生みだすのであって、その「余り」は「無常」だからこそ言語からはみだす。われわれの言葉は、時間的な変化を正確にとらえることはできない。

――霊魂の問題がまさにそうかもね。なぜ霊魂なんて発想が出てくるのかというと、おそらく理由のひとつは、いなくなっても名前だけが残っているからじゃないの？　時間に対して言語が働かないから。

よい指摘だ。無常や縁起を忘れ、言語構造が言語と違うものに依拠していることを忘れて、迂闊に言語を発動させてしまうと、巨大な矛盾が現れることになる。

十二支縁起の全体像

――さて、こうして「無明」の話に片がつけば、あとは？

「無明」のあとは「行」だが、これは「無明」と「識」をつなぐために発明された、それほど重要でない概念で、「無明」たる言語機能が実際に発動することが「行」だと、私は考える。「識」はもちろん「意識」。私は言語と意識は同時に発生するだろうと思うので、「無明」と「行」と「識」を時間的な前後関係で考える必要はない。

「識」が発動すれば、対象世界が立ちあがる。その対象世界が「名色」。対象世界が立ちあがれば、対象に応じて認識主観も構造化される。それが「六処」。

これで人間の認識構造としての主観と客観、あるいは主体と客体の関係が生じたことになる。あとは、主観と客観の触れあい（「触」）があり、対象の受容（「受」）がある。受容すれば、いわゆる好悪（「愛」）が生まれ、好悪があれば、そこに働きかけ（「取」）がある。そういうものとして存在（「有」）が発動される。その存在のあり方（「生」）は、言語に対して根本的に誤解が働いているから、老いに対しても、死に対しても、病に対しても、根源的な苦悩（「老・

病・死」など）がはじまるというわけ。
ただし「生・老・病・死」というのは、苦のクライマックスとして例示されているだけであって、その他の実存のありかたをも含めて、「生・老・病・死」で代表していると言ってよい。

——実存的苦悩の根源は、遡行していけば言語機能にあり、ということだね。

もっと言えば「矛盾」だな。言語を使わなければ人間ではない。しかし言語で苦しむのも人間だ。人間の苦的実存の正体は「言語的実存」といえるかもしれない。人間の「言語的実存」を、言語にできない「余り」の部分をも視野に入れた「縁起的な実存」へと転換することで、仏教はある種の救いをもたらすのではないか、とも思う。

——なるほどね。しかし和尚と同じようなことを主張している人——学者でも僧侶でもいいけれど——は他にいる？

いないと思う。もしいたら、私は出家するのをやめていたね。

——なぜ？

もしいたら、私は仏教書を馬鹿にしなかった。その人の本を読んで「ああ、そうか」と納得できたと思う。何も永平寺に行って、飢えて、寒い思いをする必要もなかった。でも誰もいなかった。十二支縁起ひとつリアルに説明する人がいないからこそ、自分でやるしかないと思ったんだ。

苦をどうするか

——和尚の理屈はわかった。でもね、十二支縁起の最後は、いわば「苦」の代表としての「老死」というわけでしょ。仏教によれば人間の実存は「苦」だ。仏教の三つの旗印（三法印）は「諸行無常」「諸法無我」「一切皆苦」であって、すべてを「苦」と認識するのが仏教。その「苦」はどうなるの？

和尚はいま「言語的実存」を「縁起的実存」に転換することである種の救いをもたらすと言った。しかし、そのとき「苦」はどうなる？　和尚のいう「余り」の部分が視野に入っていないから「苦」なのだとすれば、視野に入ったら「苦」ではなくなるわけ？

私は、仏教でいう「苦」は認識のことだ、と思っている。いわゆる苦痛ではなく「無明である」ことだ。「無明」は「言語機能」だが、さらにいえば「言語の働きによって縁起や無常がわからないこと」と言い換えられるかもしれない。これが実存的苦悩をもたらす。

——その「実存的苦悩」ってのは、人間存在そのものに関わる苦悩というか、人生の意味や本当の自分がわからず、虚無感や不安に苦しむタイプの人間の苦悩ということ？

そう言ってよい。私自身もそういうタイプだったんだが、この種の人間は世の中に必ずしも多くない。だから私は仏教は宣教する必要がないと思っている。仏教が万人のためのものとも思わない。苦しいと思っている人のためのものだ。病んでいる自覚がない人は病院に来ない。それなのに、「おまえは病気だ」といって口のなかに薬をねじこむのは、仏教のやり方ではない。キリスト教だったら、可哀そうなやつだから教えてやろうという話にもなるかもしれないが。

——じゃ、「縁起や空や無常を知ること」で「苦」は除かれるの？　それとも「縁起する空なる世界を死滅させること」によって「苦」が無くなるのか？

正確には、「苦が除かれる」のではなく、「苦しくても生きることができる」というべきだろうね。厳密には、死ななくては苦は除かれない。仏陀だって道元禅師だって苦しかったに違いない。でも生きられた。その彼らが「よりよい生がありうる」と言ったから、私は賭けた、というわけだ。

――いまひとつ、パンチのたりない答えだねえ。

私が自殺志望者と話をしていて思うのは、貧乏とか肉体的な苦痛が直接の理由で死にたいという人は、案外少ないということだね。孤独な人。孤独であることが人を死に追いやる。人間はやはり他者との関係にあってこそ人間なんだろう。貧困や病気によって結果的に人間関係を断ち切られたり、関係を失ってしまったと感じている人間こそ、苦しい。生きられない。

――社会学の古典、デュルケムの『自殺論』で述べられた自殺類型のひとつに、「エゴイズム的自殺」[14]というのがあるけど、それに近いのかもしれないね。

しかし孤独も、連帯の欠如も、本質的には「言語」がつくりだしたものであって、ある種の条件つき発生にすぎない。その「条件つき」というところを見きわめ、条件を変化させれば、状況を変えることができると信じ、手を尽くすのが、われわれの役目じゃないか。だから私は仏教のことを「生きるテクニック」と言うこともある。

言語を媒介にする欲望

——それほど言語の役割を重要視すべきだろうか。

人間は、徹頭徹尾、言語に浸潤されていると、私は思う。一般的な仏教書ではよく「無明は根本煩悩だ」という。この「根本煩悩」を「本能」という人がいるが、私は違うと思う。「欲望」という話なら、まだわからなくはない。しかし人間の「欲望」なんて、どうしようもなく言語的だろう。たとえば所有欲は、言語や社会を除いて考えられない。なぜお金を貯めるのか。お金なんて食べられもしないし着れもしない。たんに社会がお金を価値と決めているにすぎない。性欲も一般には本能といわれているし、本能に根ざしていることは確かだろうが、必ずしも即自的なものとはいえないと思う。

だから、多くの人が本能と欲望を同一次元で考えているのは、まずい。性欲がただの本能だったら結構な話で、仏教が救わなくても構わない。犬や猫を救わなくてもいいのと同じ。しかし、われわれがこれほど食欲や性欲で苦しむのは、われわれの性欲や食欲が、本能的欲求とは違うレベルにあるからだと考えたほうがいい。とりわけ性欲と所有欲は自我の承認と凄く関わっていると思う。それほどまでに自己承認欲求があるのは、たぶん人間というものは、自己の存在の根拠が何か欠けているからだろうね。

――確かにさあ、風俗に通いつづけるおじさんも、そのうち空しくなる。気に入った女の子に辞めてもらいたくなって、説教して、嫌われたりなんかする。和尚の言うように、自己肯定と性欲は絡んでいるのかもしれないねえ。

食欲にしても、なぜ美味しいものが食べたいのか。美味しいものを食べたいというのは別に本能ではない。本能なら食えるか食えないかという話であって、味なんてほとんど問題にならない。それに美味しさなんて、時代が違い、地域が変われば、全然違う。明らかに社会的に規定されている。異性に対する序列化や嗜好も、大体言語によって規定されたものだと思うよ。

要は、われわれは体験に騙されるんだ。美味しいものを実際に食べたときは、まさに直接的な体験として「美味しい！」と感じる。言語に媒介されているなんて全然実感することができない。しかし反省的に考察してみれば、言語的・社会的なものが働いているといわざるをえない。

――欲望自体がすでに言語や社会に構造化されているということだね。

今年の流行色なども、どういうわけか一色に決まっているし、グルメになる人間は腹は減っていない。その一方で痩せることに汲々とし、一生懸命ダイエットする。まことにもって業が深い。

修行で言語を相対化する

――和尚は欲望ですら言語に浸潤されていると言う。だのに、仏教はどうやって「言語的実存」を「縁起的実存」に転換するなんてマネができるの？　無理でしょ、普通。

言語の働きを解体するのなら、単純に考えれば、言語と違う地点に立たないといけない。しかし人間は言語的な存在だから、言語の外に出ることはできない。たとえいったん言語世界が解体しても、結局はもとの言語の世界へ舞い戻って生きるしかない。それは確かだ。
しかしながら、まずは言語世界を解体することが重要で、そのためには言語を相対化できる視点をどこかに確保しなくてはならない。たとえ言語の壁を突破できなくても、ギリギリの境界までは行けるのではないか、ということだな。

――それが坐禅だと、和尚は考える?

まあ、そう。仏教の禅定が、言語を相対化する地点を確保するギリギリの行為だと思う。私の体験からいっても、禅定が深くなると、言語が問題にならない地点があって、自意識がいっぺんに解体するように感じることがあるからね。

――具体的には、どういう修行をし、どのくらいの時間がかかるの?

具体的な体験がぽつぽつ出はじめたのは、永平寺に入って五年たった頃。まじめに座りつづけて、坐禅のやり方が私《わたくし》流に身についた頃だね。

最初は全然わからなかった。『正法眼蔵』に出てくることばに「非思量」というものがあるけれど、これがわからない。どうも「不思量」ではなさそうだ。「箇の不思量底を思量す」と言った次は、「不思量底、如何が思量せん」。そして「非思量」。

正法眼蔵　第十二　坐禅箴（冒頭）

観音導利興聖宝林寺

薬山弘道大師、坐次有僧問（薬山弘道大師、坐次に、有る僧問ふ）、「兀兀地思量什麼」。

師云、「思量箇不思量底（箇の不思量底を思量す）」。

僧云、「不思量底如何思量（不思量底、如何が思量せん）」。

師云、「非思量」。

（『道元　上』日本思想大系12、岩波書店より引用）

これを読めば、非思量は「ある種の思量だろうな」と思わざるを得ない。無意識とか恍惚状態という話ではなく、少なくとも意識のある状態だろうという感じがしていた。

さて、坐禅するときには眼を閉じない。「斜め四十五度の視線で、畳の一畳先ぐらいに視線を落とす」と言われる。ところが、坐禅して目をひらいていると、どうしても視線の先にあるものをまじまじと見てしまう。すると、目が痛くなって吐き気が来る。これでは坐禅にならないので、何とかしなくてはと思ったとき、私は不意に、意識を聴覚のほうへ変えればどうだろう、と思った。

原始仏典にもあり、ナーガールジュナの『大智度論』にも出てくるおもしろい話があって、道元禅師も『永平広録』に引用しているのだが、釈尊が坐禅しているとき大雨が来た。天を裂くような音がして雷が落ちたのに、釈尊は気づかなかった。それで弟子が釈尊に訊いた。

「聞こえなかったのですか」

「聞こえなかった」

「気絶していたのですか」

「禅定に入っていたのだ」

その話を読んで聴覚というのが気になっていたんだ。

さらに「箇の不思量底を思量す」とか「念想観の測量《しきりょう》を止めて」と『坐禅儀』には書いてある。要するに「判断するな」ということかと思って、耳を澄ますことに専念した。何の音かいっさい判断しないでただ聞いていると、だんだんいろんなものが聞こえてくる。最初は聞こえなかったのに、凄く細かいことまで聞こえてくる。ある程度禅定が深くなると、血液の流れまで聞こえてくるような気がする。

しかし、しばらく集中していると、今度は聴覚も邪魔になってくる。そこでまた注意を移す。皮膚感覚というか体の感覚に置いてみる。それで音から自由になる、身体感覚に集中すると、やればすぐわかるように、内臓の感覚に落ちていく。

南方仏教の瞑想法として有名なヴィパッサナー瞑想もそういうことをやるそうだね。漢語でいえば「四念住」だ。

目はひらいているのだから、感覚としては、実は目は見えている。聴覚も働いているから、聞いてはいないけれども聞こえている。内臓の感覚は、対象として現れてはこないけれど、明らかに何かの感覚がある。そういうふうに、しばらく坐っているうちに、突然、ズブズブズブと禅定が深くなった感じが起こる。ぜんぶの感覚が混じりあう。

それをどう表現すればいいのか迷うが、イメージとしていえば「波」ね。「波動」。全感覚が明滅しているというか「波動」みたいなわけ。

そのときは自分でもたいへんだった。ただ、足は痛い。痛いが、その痛さも普通に痛いのとはちょっと違う。体の境目がなくなっている感じ。


如何なるか是れ内、如何なるか是れ外。

という道元禅師の言葉があるけれど、本当に内と外の感覚が崩れてしまう。

そうなると、もう「私」なんて感覚はない。五感として秩序づけられていた認識主体が、ぜんぶぐちゃぐちゃになってしまった感じかな。しかし明瞭に冴えている。別に恍惚状態でも何でもない。むしろ「下手すると、これ、どうなるのかなあ」という思いが、心の隅にちらとあったりする。

これが「非思量」に近くないか。意識はあるが、意識の対象と主体がない。この状態を意識と呼ぶも愚かで、私にとっては端的に波動なんだな。意識というからには意識の対象がなくてはならない。意識の作用と意識の主体と意識の対象があれば意識といえるかもしれない。けれども、あの状態を意識と呼んでいいのかどうか、私にはわからない。

この状態は、言語の限界を越えてはいなくても、かなり限界に近いところまで行っていると思う。ただ、それを「真実在」とか「見性」と言ったら、それはまずい。

したがって私が経験的にいえるのは、ある姿勢である意識操作をすれば、言語秩序のギリギリの限界にある程度迫れるということ。少なくとも、日常の意識、日常生活が規定する自意識は、グチャグチャに崩れることがわかった。しかしこれは要するに、自意識というのは、ある行動様式とか生活様式の上にしか成り立たないことを確認したにすぎない。考えてみればあたりまえなんだな。

言語の限界に近づく条件

――さすが、そのあたりの話は禅僧だな。いや、おもしろい。自意識や日常の言語体系がものすごく脆弱だということだよね。そのような意識状態に持っていくことは、相当むずかしいでしょ？

いや、ある条件のなかで長くやっていれば、どんな人でもできるはずだ。

――別段、特殊とか高度な体験なのではない？

禅師の『普勧坐禅儀』には「普勧」とつく。誰がやってもできるということさ。だから道元禅師は「易行」とも言う。つまり簡単で、みんなやれる。「そこまで言うか」とは思うけど。

――ぼくもそう詳しいわけではないけれど、しかし「非思量」をそういうふうに言った人がいない。だから神秘化され、言詮不及のブラフマンの世界みたいな話になってしまう。

私が体験的に確かめたのはそこまでだが、自分にとっては、たいへん意味があることだった。言語体系はそんなに牢固たるものではなく、案外脆い。その言語体系を秩序づけている日常生活の条件がある。それを変えれば、違うことが起こる。したがって日常生活と違う行動様式をつくりだせば、違う主体と違う世界が存立する可能性があるとわかったんだから。

——そういうことを、道元禅師も言っている？

『正法眼蔵』の「諸法実相」の巻なんかを読むとね。そこに「唯仏与仏乃能究尽諸法実相」という『法華経』の言葉が出てくる。この「ただ仏と仏とすなわちよく諸法に実相、究尽す」というところを、まるで天台本覚思想のように「諸法がまるごと実相になるから真実なのだ」といった解釈をする人が多い。が、そうではない。私は全然違う話だと思う。

ここで一番大事なのは、「諸法実相」ではなく「乃能究尽」というところ。「乃能究尽」という行為、修行があったときに、主体は唯仏与仏として現成するし、諸法は実相として現成する。そういうことだろう。

——行為の仕方が存在の仕方を変える、か。

それと、もうひとつわかったこと。

「諸法実相」の巻は、ものすごく理屈が多いのだ。ほとんど理詰めの世界。ところが、一番最後に、理屈とは何の関係もない、道元禅師の修行時代のエピソードが突如として出てくる。月の綺麗な晩に住職の居室に登っていったら、修行僧たちが立錐の余地なく立ち並び、天童如浄禅師の説法を聞いていた。如浄禅師は水を打ったようなしずけさのなかで諄々と語り聞かせる。修行僧にはうるうる涙ぐむ者もいる。その果てに突如、椅子を一打して、禅師いわく、

杜鵑啼、山竹裂（ホトトギスが鳴き、山の竹が裂けた）

それで修行僧たちはみな恐れ入ってしまう。

こんなことが感動的な美文で綴られている。なぜこれが一番最後に突然出てくるのか。

その理由は、「諸法実相」は、そういう修行生活のなかでしか見えない、ということだ。「諸法実相」が見たかったら、ある行動パターンにならなければならない。そのとき主体は「唯仏

与仏」になりうる。「唯仏与仏」は「ただ仏と仏」という言葉だが、「仏と仏」となぜ二度「仏」と言うのか。それは行為だから。仏陀の「存在」は途切れることのない行為なのだ。

行動様式を変えないかぎり、日常生活に規定された言語構造を相対化することはむずかしい。だからこそ「行」が必要だ、と道元禅師は言っているんだろう。

体験にひそむ危険

——われわれの言語体系は日常生活に規定されているから、言語構造を相対化するには別の生活なり条件を与えてやる場が必要だというのはわかる。しかし、そういう体験をしたあとどんどん自我が肥大化し、とんでもない方向に突っ走る人間もいそうじゃない。

その典型は、やはりオウム真理教の麻原彰晃だろうね。ただ私が思うに、言語では語れない「余り」の部分を名指ししてしまうと、自我のインフレーションを起こしやすい。日常言語で語れないものを語る言葉が、「真言」であり「マントラ」だ。もし「余り」の部分を自分の言葉で言えるとすれば、「私は大日如来と一緒だ、私は大日如来だ」ということになってしまう。

――つまり、すべての状態は「条件つき」。

もちろん。日常の言語体系や意識状態も、日常の行動様式や生活様式に条件づけられている。「唯仏与仏」も、ある条件つきの生活、行動、姿勢のなかで生じる存在様態にすぎない。修行も、日常の言語体系や行動様式を相対化するために必要だから重要視するのであって、その「唯仏与仏」が「絶対」であったり、「真理」であったりするわけではない。それを絶対化するとろくなことにならない。絶対視した瞬間に話は大日如来になってしまう。道元禅師は用心深いから、そのあたりを「仏向上事」（『正法眼蔵』第二十六巻）で述べている。

不肖の門下といわれるかもしれないが、私は禅師に完全に屈服するのはいやだし、全面的に心酔したくもないが、やっぱり凄い。ここまでは言っていないだろうと思って読んでも、ちゃんと言及がある。

道元禅師が「仏向上事」とか、「大悟」の巻（『正法眼蔵』第十巻）で言いたいのは、道得（言い得るか）・不道得（言い得ないか）ではなく、「この道得を道得するとき、不道得を不道するなり」（『正法眼蔵』第三十三巻「道得」）ということ、つまり「言い得ることを言い得たときに、言えないところは言えないものとして現成する」という言い方で、言語哲学を変える。まるでウィトゲンシュタインのよう。

――語り得ないものは示されるのみ(15)……。

というよりも、語り得ないものは、無限に語り直しつづけることで示されるのみ。とすれば、麻原彰晃などは、おそらく「語り得ないもの」をある言語のなかに封じこめようとしたんだな。彼は「真我」という概念を持ちこみ、「これこそ究極のものだ」と言った。つまり言語からはみだす「余り」はなくなると言ってしまった。まさにその瞬間、「語り得ないもの」は別のものに変質したのだ。何らかの「状態」になってしまった。「余る」こと、「変わる」ことそのものが、「語り得ないもの」だから、余らなくなったら単に別ものだ。彼は「余り」の部分に逆襲されたんだ。

――どうあっても、「余り」を名指ししてはいけない?

「修行」みたいな行為で日常や言語体系を相対化するとき、この考えは大事だよ。それと、もうひとつつけ加えたいことがある。また比喩で言おう。

割り算をしないかぎり「余り」は出ないが、割ったときには気をつけなくてはいけない。そもそも「無常」は割り切れない。たとえれば、流れる川に似ている。途中で切ることはできない。もし切るために流れを堰きとめたら、もう流れではない。

しかし流れを流れのままにとどめる唯一の方法が考えられなくもない。それは流れをぐるりとめぐらせて、もとのところへ戻ってくるようにすること。つまり円環状にする。そうすれば一見、流れは流れのまま、しかしある意味で、ひとつところにとどまるように思われる。だから「円融的世界観」になる。天台智顗がそうだ。もちろんそれは摩訶止観の発想が、おそらくは老荘思想、もしかしたら儒教といった中国の形而上学の浸潤を受けているからでもあると思う。

しかし、ぐるりと円環状にめぐらせた流れは、はたして流れるか。流れない。水は高きから低きへ流れる。ぐるりとめぐらせた流れは、やがて流れであることをやめ、よどんだ澪になるしかない。それが「円融的世界観」の限界だろう。流れを流れのままとどめたつもりが、実は、流れを堰きとめたのと変わらない。

――その点、智顗はかなり注意深いと思うがな。ただ、彼の解釈には、体系化の欲求が強すぎて、「余り」を意識しきれないかもしれない。

その後継たる荊渓湛然《けいけいたんねん》(16)になると全然だめ。禅でも荷沢神会《かたくじんね》(17)などはどうしようもない。その点やっぱり道元禅師は凄い。「見性成仏」という言葉があるが、「見性」という言葉が『六祖壇経(18)』に出てくるから『壇経』は偽経ではないかとまで言った。

――時代を考えれば勇気ある発言と言うべきかな。

だけど、彼はそう言わざるをえなかった。道元禅師は、まさに「余り」をずっと見ていたんだろう。

――やはり和尚も宗祖には尊敬措く能わぬものがあるんだね。さきほどからベタ褒めだもん。

いやあ、でもねえ、正直にいうと、実際に生きている禅師に会ったら、私は必ずしも好きにはなれないだろうなあ。作法に対する言及など何かパラノイアックなところがあって、一緒に生活するのはつらい気がする。もし禅師存命時代の永平寺だったら、私はとても務まらなかったんじゃないかな。しかし、『正法眼蔵』を読むと、禅師の説をとらざるをえないところへ追いこまれてしまうのだよ。実に用意周到に書かれてあって、賛成せざるをえない。

元気の出ない仏教、頑張らない仏教

――和尚の話をきいていると、例のオウム真理教事件の本質は、正しい認識のための隠喩であるべきものを、真実そのものだと言ってしまった現代の仏教全般に対する警告かもしれないと思うね。もちろん仏教だけではない。瞑想やときには薬物を使った忘我経験・合一経験を絶対的な「何か」だと見なす傾向のある、精神世界系のサブカルチャーに対する警鐘でもありそうだ。

きみの言うとおりだ。「真我」で「余り」を切り捨ててしまうオウムのやり方は、実は、伝統教団がさんざんやってきたことだ。だからオウムを批判するとき、伝統仏教が「あれは仏教ではない」などといってすますことはできないはずなんだ。

だいたい、曹洞宗であろうが他宗派であろうが、道元禅師や親鸞聖人があれほど気をつけていた「余り」を、のちの人々は、なぜあんなに簡単に切り捨ててしまったのだろう。天台大師智顗でさえ、あれほど用心深かったのに。

――それが人間の傾向性というものなんじゃないの。逆にいえば、仏教は本来、私たち自身の傾向性からの離反であり否定だった。だから時代が経つにつれて、もともとの傾向性に引きずられてしまう。ま、いかに煩悩の力が強いかという話さ。

確かに古今東西のいろいろな思想哲学をざっと見わたすと、すべてを本質と現象にわけて話を進める思考法は、たいへん拘束力のある論法だよ。わけかたは、「個体」と「性質」、「本質」と「実存」、「見えるもの」と「見えないもの」などさまざまだけど、型《パターン》はどれも同じ。西洋に新プラトン主義(19)のプロティノスがおり、インドにヴェーダーンタ学派のシャンカラ(20)がいても、基本的な考え方は同じにしか見えない。たとえば、本質をAとし、現象をBとおけば、「一者《ト・ヘン》」もA、「ブラフマン」もA、……以下同様で、すべて同じ構図に収まる。意匠、デザインが違うだけ。あるいはデコレーションが違うだけだ。

仏教が凄いのは、こういう人間の基本的な思考の枠組みに敢然と立ちむかおうというところが、それゆえに、相当に無理がある試みでもある。

――釈尊が悟ったとき、どうせ一般の人にはわからないだろうから、言うのをやめようと思ったという逸話(21)があるね。梵天が余計なことをしたので、後世に残ってしまったけど。

つらつら考えるに、思想の枠組みから見れば、世の中には「仏教」と「非仏教」しかないのではないかとさえ、私には思われる。

そして、悲しいかな、「非仏教」のほうが圧倒的に強い。仏教は、いわば非仏教という大海のただなかにある小さな島みたいなもので、海流やら波やらに浸食されている。すなわち非仏教的なものが圧倒的に仏教のなかに流れこんでしまっている。

それは結局、さっき言ったとおり、仏教が本当に必要な人は、全人口のなかで圧倒的な少数派だから、ということだ。言い方を変えれば、仏教が一般人のニーズに答えるために、非仏教的な要素をとりこんできたともいえるかもしれない。

もちろん私にとっては、「仏教」か「非仏教」かの区別よりも、原始仏典や『中論』や道元禅師のことばが、現実に役に立つことが重要なのだからどうでもいいが、世界的にいえば、たとえばキリスト教やイスラム教が圧倒的に強いのであって、それにくらべれば、少なくとも、仏教において私が最もユニークだと思う思考方法は、あくまでマイナーなものでありつづけるしかないだろうね。

――キリスト教もイスラム教やユダヤ教も同じだけれど、創造説からはじまって、原罪だの、終末だの、最後の審判だの、いろんな道具立てを受け入れなければならなかった。他の宗教にも、世界の創造神話とか神の序列とか、いろんな世界観や前提がある。同じ宗教といっても仏教とは根本的に違うのかもね。

仏教の考え方は、非常にプラクティカル、かつ、テクニカル。立身出世や人間関係の改善というほど俗なテーマではないが、生き方に対処するという意味では、処「世」術ならぬ処「生」術に近い。ところが一神教は、いきなり世界観のような道具を持ってきて、選択を迫る。それを受け入れないかぎり先には進めない。

——そんなに前提が多いものが、なぜこれほどまで世界に浸透したのかな。

いやいや、キリスト教の原罪のように、死や人生の苦に対する説明原理として、「人間の罪」なり「神の怒り」というのは、かえって受け入れやすいものだよ。日本でも神の祟りとか死霊の呪いというし。

——それも人間の心理的傾向ということか。

おまけにキリスト教なりイスラム教の前提を受け入れてしまえば、きれいに割り切れて「余り」が出ない。だから布教のためには戦争まで遂行し、アフリカやアマゾンの奥地まで踏みこんでいく元気が出るのさ。喧嘩を売られたとき、仏教の考え方では力が出ない。割り切って「余り」の出ない人が、打って一丸となって攻めてきたら、仏教の考え方で頑張ろうというふうには絶対にならない。

――元気が出ない？

出ないね。

――まあ、「頑張ることなんて大していいことではない」と言うには、いい思想だと思うよね。そういえば、仏教評論家のひろさちや氏が、仏教的な生き方のエッセンスとして、「愛さない。頑張らない。心配しない」とどこかで言ってた。生き方としては、これぞ仏教的。そんなに力まず、適当に頑張ればいいのかも。

その「適当」の辛さとむずかしさに耐えなければならないけどね。

第4の対話……生命について

人類滅亡もまたよし？

――今日は現代の仏教について、訊きたい。

その言い方からして、きみはよい印象を持ってないな。

――そりゃそうさ。「葬式仏教」という批判もずいぶん長いが、葬式はいらない[1]、と公然といわれるようになったら、その批判も極まれりだ。死にゆく人の世話もできず、死んだあとの家族のケアもしない。そもそも、現代的な問題意識が欠けているともいわれている。そのあたりを和尚はどう考えているの？

それはそのとおりで、大方は、指摘されれば一言もないところだな。ただ、最近は若い僧侶や仏教者を中心に、従来の檀家や教団を越えて、社会と直接結びつく活動をする人たちが現れてきたことも事実だ。

しかし、そういう事例があるにしろ、私がいま痛切に感じているのは、残念なことに、それ以前の問題なんだ。もちろん寺のありよう、僧侶のありようは問われなければならない。ただしその前提として、僧侶には「自分にとって仏教とは何なのか」をはっきりさせてもらいたい。

――そうか、そこからの話か。

もうひとつ、仏教に真剣な関心を持ってくれる人たちには言ってもよいと思うのだが、仏教をあまりわかりやすいものだと思ってもらってはまずい。そう思わせるべきでもない。仏教は、必要な人と必要でない人がやっぱりいる、と私は思う。

――前にも仏教を必要とするのは全人口のなかの圧倒的な少数派だと言ってたね。仏教はマイナーな宗教思想であり、他の宗教と比べると圧倒的に弱いとも。確かに仏教はインドではイスラムに敗れて滅び(2)、チベット仏教の最高指導者ダライ・ラマは中国の侵攻によって亡命を余儀なくされたように、外敵と戦えばほとんど負けている。進化論を持ちだすのは場違いかもしれないが、仏教や仏教が必要な人というのは、本当なら進化のなかで淘汰されるべき弱い存在なのかもしれないな。

強者生存という考えが正しいなら滅ぶべき存在かもしれないが——しかし進化論においても必ずしもそうではないと思うが——生き残ることがなぜ善だと決まっているのか。滅んで何が悪いのか、ともいえるだろう。そもそも人類が絶滅して何が悪い、という発想だって当然ありうる。

小林和之という法学者の「未来は値するか——滅亡へのストラテジー」（『法の臨界』第3巻、東京大学出版会、所収）という論文を読んだことがある。そこには一種の「解決としての滅亡」という考え方があった。小林氏は人類全体を安楽死させる施策を提言している。これは凄い話。だが、発想として出てくるのはわかる。

環境保護というのなら環境を破壊する人間がいなくなればいい。安楽死を認めるなら人類ごと安楽死させる方法もあっていい。

その論文の提言では、子どもをひとり生むごとに途方もない税金をかける。八十歳以上生きると、また税金をかける。そうして集めた莫大な税金を、みんなを平等に安楽死させるほうに使えばいい、という。ね、凄いだろう。

——人類はきれいに消滅するかもね。

感覚的にいえば、こんな施策は倒錯しているだろう。しかし論理の問題として、「なぜいけないんだ」と問われると、自殺の問題と同じで、いけないという理由が見つからない。私がいつも自殺の問題で悩むのは、苦しいなら存在しなくなればいいではないか、ということだ。なぜいけないのか。

仏教はどう考えても、人間であることや人類が存続することを、無条件でいいという考え方ではない。「成仏」とはある意味「人間でなくなる」こと。要は、「人間」はダメなのだ。けっして人間であることを全面的に肯定する思想ではない。少数派になるのも当然だろう。

――いや、しかし、この思想は強いだろうね。なぜといって「では、答えてみろ。なぜ人は生きつづけなきゃいけないのか。なぜ人類は存続させなくてはいけないのか」と詰め寄られたら、たぶん誰もまともに答えられない。

そう。答えられないから、そこで別の話を持ってこざるをえない。それがたとえば神さまだ。

――人間は神の被造物であり、神は「生めよ、増えよ、地に満てよ」(創世記1章28)と言った、という話になるわけか。

でもね、私には、神さまを持ちだすのは反則としか思えないんだよ。いま科学技術がすごく発達している。とりわけ生命科学の発達の仕方はすさまじい。頭がよくて、スポーツ万能で、ハンサムで、しかも背が高いといった、さまざまな好ましい遺伝子を組みあわせて理想の子どもをつくろうという、いわゆるデザイナーベイビーも現実のものとなりつつある。病気の遺伝子治療や出生前診断なども急速に進歩していて、われわれの選択肢は加速度的に増えているだろう。

この状況は、仏教のような思想が必要な人間の数をどんどん増やしていくことになると思う。というのが、人々が自分の責任において選択を迫られるから。

たとえば出産前に胎児に重い遺伝病が見つかったとしよう。生むか堕ろすか、どうやって決断すればよいのか。いままでは生むしかなかった。あるいは、自然に流産か死産した。しかし、これからは中絶することもできる。反対に、むかしなら死産していた胎児も生かすことができる。さあ、どうする？　――こんな選択がどんどん増える。いまさら神に任せるわけにもいかない。

――なるほど。神の領域に人間が手を突っこんではいけないとか、生命の神秘に畏敬を払わなくてはいけないなんていわれても、目の前の決断の役には立たないよなあ。

生命の神秘なんて誰にもわからない。宗教家はそれなりにご託宣を言っているが、本人がわかって言っているわけではない。そういう話芸が残っているだけさ。いわば伝統芸能にすぎない。

仏教者のことばの耐えられない軽さ

――ちょっと言いすぎでしょう。

別に誹謗しているわけではないが、巷間、宗教家が好きなことばは「こころ」と「いのち」。最近では「環境」。ならば、私は宗教家に訊きたい。あなたはそのことばを、あなたのどこに結びつけて言っているのか。辞書の話は聞きたくない。宗教家自身が、そのことばをどういう意味で、どう定義して使っているのかを教えてほしい。しかし、そう問いかけて答えてくれる人は、まずいないな。

――ある高名な仏教評論家が講演で、「仏教では、あらゆるものに仏性があり、いのちがあるのです」なんてことを言ったらしい。それを一般の人が聞いていて、「じゃあ、爆弾にもいのちと仏性があるんですか?」と質問したら、その評論家は立ち往生したという。

だから、どういう意味で「いのちがある」と言い、どういう意味で「ない」と言うのか。それは「いのち」という言葉の定義にかかっている。仏教者がそこを詰めて考えぬまま、

「山川草木悉有仏性」

「あらゆるものにいのちはあります」

なんて言ってしまえば、当然、ミサイルにも「いのち」があるに決まっている。もっと言えば、ポリオ(小児麻痺)・ウィルスにも「いのち」はあるのか。あるとしたら、小児麻痺を根絶するのは殺生ではないか。そうでなくても、出生前診断とか生殖医療で、「もの」と「いのち」の境界の話に敏感になっているときに、仏教者がそんな反省を欠いた言説を弄するのは、宗教そのものの信用を失わせるだけだ。

「こころ」も、かつては宗教の専売特許のようなものだった。しかしいまは大脳生理学が進歩したので、科学が割りこんできている。たとえば、平和な世の中をつくりたければ別に宗教なんかいらない。脳手術によって人格を改造してしまったほうが早い――中学生にそう質問さ

れたらどう答えるつもりだろうね。

「私」をめぐる難問

——科学の発展や複雑な社会問題・法的な問題を踏まえ、生命倫理などの分野で「こころ」とか「いのち」について喧々囂々の議論がされているにもかかわらず、宗教家はそうした問題を注意深く考えてみることもせずに、「こころの時代」とか「大宇宙の生命」といった大げさな言葉を軽々しく持ちだしてくる。

だから宗教家の言葉からリアリティが失われる。本当に「こころ」や「いのち」の問題をとりあげるならば、もっと突きつめて、具体的に考えなくてはならない。しかしそんなに深く考えて発言する宗教家を私は見たことがない。

——すると、当然、「自己」や「意識」をめぐる問題にも、「本当の自己」とか、安直なことを言うな、ということになるよね。

まさしくそのとおり。「意識」とか「この私」について、われわれはもっと考えなくてはならない。量子のレベルまで解析したとして、それではその解析結果にしたがって量子を寄せ集めると、意識は現れるのか。意識をつくりだすことは可能なのか。

私は無理だと思う。意識が意識として現成するのは自分に対してだけではないか。死と同じだ。たとえロボット工学や人工知能のテクノロジーが進歩して、まったく人間と同じ動作、表情、行動、態度、対話をするアンドロイドが完成したとしても、あるいは細胞培養と遺伝子操作の技術の進歩で、量子レベルまで意識のある人間の脳および肉体の状態と完全に同じ生命体を人工的につくりだせたとしても、偉い学者がモニターを見ながら口を揃えて「いま意識が起こっています」と言っても、本当に意識があるのかどうかはわからない。

——「意識」の話からして問題なら、「私」についても難題があるわけだ。

私もいろいろな本を読んで考えさせられることが多いが、たとえば、こんなSF的な思考実験がある。頭のなかにコンピューター・チップを入れて、どんどん記憶をチップに入力する。ぜんぶの記憶を移しおわった段階で、脳の機能を停止して、チップに脳全体の機能を代行させる。そして永遠に生きる。

すると、もとの脳で考えていた〈私〉と、記憶が完全に一致しているチップで動いている〈私〉は、本当に同じなのか？

——そんなのは同一の〈私〉ではないだろうな。それはコンピューターが古くなったので、データを新しいコンピューターに移すのと同じ。明らかに違うコンピューターだろう。

そう。でもこの場合、コンピューターは別だが、データは同じ。つまり〈私〉というのは、データの同一性に関わるのか、ハードの同一性に関わるのか、ということだ。人間でいえば、意識の内容の同一性に関わるのか、肉体の同一性に関わるのか。〈私〉というのは意識の問題なので、意識の内容が同じなら同じ〈私〉のような気もするし、一方で〈私〉というのは意識の内容を超えた何かだという気もする。

——そうか。なるほど……。

もっと複雑な例も考えられる。脳梗塞で脳のほんの一部分が破壊された人の頭に、その破壊された部分の機能を代行するコンピューター・チップを入れる。たとえばリスニングを司る言語野が破壊されたから、リスニングの機能を代行するチップを埋めこむ。この場合、その人は元の人と同じ人だとみんな同意するだろう。脳の機能の代行ではあるが、耳の悪い人が補聴器を入れるのと変わらないわけだから。

そのうち、その人がまた脳梗塞を起こして脳の別の一部が破壊され、新しく破壊された部分にまたチップを入れて、破壊された部分の機能を代行させる。今度は色彩の認識機能かもしれないし、何かの運動機能かもしれない。

このように、その人が脳梗塞か何かをくりかえして脳の一部分が破壊されるたびに、少しずつ脳の部分をチップに交換していって、最後にはとうとう脳が一〇〇％コンピューター・チップに置き換えられてしまったとする。この場合、この人はもとの人と同一なのか、そうでないのか。もし同一でないなら、どの時点で入れ替わったのか。

――ううむ……。「同一性」の概念そのものを問われる。

いや、別にこの問題の答えがどうこう言いたいわけではない。これだけ科学が発達し、脳や意識の問題にどんどん関係してくるようになると、さまざまな可能性も考慮に入れ、いろいろな問題を突きつめて考えて、はじめて「こころ」とか「意識」の話がリアルになると言いたいんだ。「いのち」だって同じこと。

宗教家は「賭ける」

――そういえば、たいていの仏教寺院は、あたりまえのように水子供養をやってるよね。ということは、中絶はＯＫなんだな。それなら、なぜクローンに反対したり、受精卵診断に反対する僧侶や仏教者がいるのかな。

水子供養をやるのだったら、受精卵供養をやってもおかしくない。

――問題を突きつめて考えたあげくに「いのちは大切だ」と言うならともかく、それ抜きで言える話じゃないよね。宗教家には本来そこまで考えぬく責任があるはずでしょう。

ある科学者とこんな話をしたことがある。彼によると、近い未来には量子レベルで人間の意識を解析できる可能性があるというんだ。そうしたら、「こころ」の平安や平和の問題も何とかできるかもしれないし、暴力的な人の「こころ」を穏やかにしたりできるかもしれない。

「ただし」

と、その科学者は言ったね。

「どうしても残る問いは、そんなことをやってもいいのかいけないのかということです。この問いに科学は結論を出せません。それは科学の領域ではなく、宗教の領域として残るでしょう」と。

――和尚の話をきいているかぎり、宗教は、そんな専門的な問題について判断などできないように思われるのだが。

それでも宗教の使命として残るのは、おそらくもうそこしかない。

――科学者も判断できないから逃げているんだろうか。しかし、いくら突きつめて考えたとしても、宗教家がはたして判断できるようになるのかなあ。

宗教家は論理でいいか悪いか判断するのではない。それはとうてい不可能だ。宗教家はどちらかに賭けるんだ。賭けたとき責任が生じる。この責任を引き受けるときに、宗教者の主体が立ちあがる。

受精卵診断は是か非か、と問われれば、理屈では、どちらだってありえる。しかし、ある僧侶が「おれは是だ」と言ったとき、言った責任はすべてその人が負う。「責任は私にあります」と言ったとき、はじめて宗教家が主体として立つのだ。言わなかったら、そこに宗教家はいない。

――そうなの？　すごい極論に聞こえる。

いまこの世の中で宗教家であろうとするならば――私は別に、宗教に関わる人全員にそれを求めているわけではないが――「あなたは受精卵診断をどう思いますか」と言われたとき、「おれは是だ」「おれは否だ」と即座に言わなければだめだ。これはこの社会における宗教者の責任であり、「信念」が、「信心」が、「精進」が問われるのだ。

あなたは何を信じているのか。「大宇宙の生命」と言うのだから、ひとつぐらいの生命は捨ててもいいのか。「大宇宙の生命」は、ひとつの生命に宿るのか。あなたの教説はどちらなのか、その判断でわかる。「大宇宙の生命が大事だから、ひとつの生命くらい仕方がない」と言うのであれば、それはそれでひとつの立場だ。「大宇宙の生命も人ひとりの生命も一緒だ。中絶もぜんぶだめだ」というなら、これもひとつの立場だ。そして、言った以上、責任はとる。ところが、そこを曖昧にするから宗教家は何も言わない。

——問われているのは覚悟だね。

そうでないと、もう誰も話を聞かないよ。

前にね、「水子供養をしてください」と言ってきた女の子がいる。私は言った。
「あんたひとりでつくったわけじゃないだろう。男も一緒に供養するなら、やってもいい」
そうしたらその子は——私の知るかぎり彼女だけだが——男を連れてきた。

——そりゃ、偉い。女も男も。

私は彼女と彼女の男を前にしてこう言った——きみたちは、悪いことをしたと思ったから、ここに供養に来たのだろう。怖いんだろう。そうだ、それは悪いことだ。殺人罪にも等しい悪だ。本当は絶対にやってはいけないことだ。でも、もうやってしまった。だから謝るしかない。私はこれから読経してやるけれど、これは供養ではない。懺悔というのだ。二度とやるな。悪いことだと認めて、二度とやらないと誓え。だったら供養してやる。

――水子は障るというし、水子供養というと、祟りを封じる印象も強い。

そう受けとられてはまずい。それで、水子供養は「ごめんなさい、二度としません」と誓う意味でやるのだと言った。

妊娠中の女の子が「堕ろしてもいいですか」と聞いてくることもある。全面的に否定はできない。いろんな理由があるから。レイプされた場合だってあるだろう。だから、仕方がないこともあるといわなくてはならない。

宗教家は「許せない」と言ってはいけない

――ダメならダメと言い切るのが宗教者の覚悟じゃないの?

そうだ。しかし、「ダメ」と言っても、宗教家は「許せない」と言ってはいけないと思う。「妊娠中絶は許せない。水子供養なんてだめだ」と言って追いかえすのは、宗教家の立場ではない。宗教家の役目は、犯した悪を悪と認めさせ、くりかえさせないことだろう。もちろん「人工妊娠中絶を認めるんですか」と訊かれたら、「悪いことだから、やってはいけない」と答える。しかし「法律で禁止しろ」という話にも乗れない。誤る人がいる。それは認めざるをえない。だが、悪であっても「許さない」とは言えないのだ。

――殺人でも？

殺人は絶対にいけない。しかし殺人者が私のところにやってきて、「懺悔させてください。私はどうすればいいのですか」と言ったら、「殺人者に救いはない」とは言えない。心底後悔し改心する可能性が残っているから。だから「許さない」とはどうしても言えない。多くの人から批判されるが、私は麻原彰晃のような人物だって死刑にすべきでないと考えている。被害に遭った人、身内を失った人が「絶対に許さない」というのは人間の気持ちとしては実に当然だ。でも宗教家が言ってはいけない。

――他人事の話だから、そう言えるんじゃないの？

否定はしない。身内が殺されたことがないからね。だからね、正直、自分が家族を持って大失敗だったと思うのは、妻子が殺される可能性ができたということ。このとき仏教者の真実が問われる。自分の家族を殺した犯人の処遇について、決然と「許す。死刑にするな」と言えるかどうか、私にはまだわからない。

あるいは仮定の話だが、仏教が大弾圧に遭って、「棄教しろ。さもなくば拷問するぞ。頭の皮をはぐぞ」と脅されたとする。自分ひとりなら見栄を張って、「百年後の教科書に名前が載るかもしれないぞ」などと想像をめぐらして耐えられるかもしれない。しかし「女房の頭の皮をはぐぞ」と言われたらどうか。「どうぞ」と言う度胸はまだない。いや、もしそう言ったら逆に僧侶として失格かもしれない。

仏教者とは出家。家族を持たないのが本来だ。その僧侶が家族を持ったとき最大の問題は何か。性欲なんか私にとって大したことではない。仏教者の信念が問われる事態に陥ったとき、妻子を人質にとられても信念をつらぬけるのか。つらぬいていいのか、いけないのか。

——独身はそこが楽だよね。わが身ひとつの問題ですむから。でも、結局、言っていることに矛盾がある。

矛盾は消えない。それは、ほとんど生きていることと同義さ。しかし同時に、矛盾は乗り越えなくてはいけない。それが「成仏」ということかもしれない。そして生の意味は、矛盾を乗り越えていく「過程」にしかない。乗り越えてしまったらもう意味はない。そこに人間の生はないから。

だから道元禅師は「修証一等」と言うのだろう。「成仏」というのは、あくまで成仏する過程の話なのだ。

成仏と涅槃

——すると、和尚は、「悟りはない」と言うわけ?

仏教ではよく「煩悩即菩提」とか「生死即涅槃」とかいう。でも問題は「即」の字なんだ。これを説明しないかぎり何の意味もない。

私の考えでは、「煩悩即菩提」や「生死即涅槃」が成立するとすれば、「煩悩」や「生死」のさなかから出発し、「菩提」や「涅槃」のほうへ踏みだして、一生懸命そこに向かっていく、その過程と行為のなかにしかない。それを「行」という。

したがって、あくまでも「過程」の話。悟る前までは煩悩と菩提は別々で、一度悟ってしまえば、そのあとは「煩悩即菩提」になってしまうというのでは困る。「聞声悟道《もんしょうごどう》、見色明心《けんしきみょうしん》(3)」という境地に達して、つまり何か悟りの体験があって、

「はい、ここから先はもう生死即涅槃です」

では、いくら何でも簡単すぎる。

悟りの体験を話す人もいる。たとえば、

「縁側に坐ったら、体のなかを、ここからこう風が入って抜けました」

という体験を語る人もいる。しかし、そのあとも生きていかなければならないんだ。これはあまり簡単な話ではない。

「悟り」がたんに特殊な体験のようなものならば、誰にだってできる。在家の人間にだってできる。しかし「成仏」できる人間は少ない。出家にだっていない。

――和尚はどこまで行けば「成仏」といえると考えているのかい?

おそらく成仏するときは来ないのだろうね。成仏に向かう過程のなかで、ほんのわずかに感

じることがあるかもしれないという程度だろう。

仏教が「有余涅槃(4)」と「無余涅槃(5)」を区別したことにはやはり意味があるのだ。仏陀でさえ死んでしまわなくては「無余涅槃」には到達できなかった。

――「涅槃」とは究極的には消滅した状態であり、「解脱」というのは言語の限界を体験して、日常の言語体系を相対的に見られるようになった状態ということでいいかな。

そうだなあ、しかし、究極の涅槃（無余涅槃）になると、もはやわれわれの言葉は完全に届かないからね。何か言えるとしたら「有余涅槃」だけだ。「有余涅槃」について知りたければ、仏陀の最後の言葉を聞けばいい。

スバッダよ。わたしは二十九歳で、何かしら善を求めて出家した。
スバッダよ。わたしは出家してから五十年余となった。
正理と法の領域のみを歩んで来た。
これ以外には〈道の人〉なるものも存在しない。

（『大般涅槃経』二七、中村元訳『ブッダ最後の旅――大パリニッバーナ経』岩波文庫）

「私はとにかくここまでやってきた。これ以外に道の人はいない」と仏陀は言う。その仏陀の教えにならって、達成しがたい「成仏」に向かって努力をつづけたそのはてに、「ここまではやった」「できる努力はしつくした」「もう思い残すことはない」と言い得たとき、もしかしたら有余涅槃めいたものが味わえるかもしれないとは思う。仏教者の目標はそこにあるというしかないだろうな。

第5の対話……修行と性欲について

言語ゲームとしての仏教

――和尚は修行が長いよね。

長いほうかもしれないね。

――その和尚は「悟り」というものをどう考えているのか、あらためて訊きたいね。前回は「仏陀と同じようになりたい」と言っていた。しかし仏陀を出発点として教団が組織化されていく過程で、どうしても「悟りとは何か」「どう悟ったのか」「本当に悟ったのか」ということが問われ、それが規範化・組織化されていく力学が働くと思われてならない。すると、その力学のある種の自動運動によって、教団も教理もどんどん変質していかざるをえないのではないか。そうするうちに、最初の「悟り」なるものに到達できるかどうかわからなくなるのではないか。

そういえば、社会学者の橋爪大三郎(1)氏が『仏教の言説戦略』(勁草書房)という本のなかで、仏教は「悟りとは何か」を訊ね歩くゲームだと定義していた。悟りそのものの中身はさておいて、そういう言説をめぐって働く力学が教団の構造を決めていくのではないか、ということ。

確かにそう。日本の言葉も中国の言葉もそうだが、禅を含めた伝統的教団で「悟り」を語る人は、「悟り」を名詞にしてしまう傾向がある。「悟り」ではなく、「悟る」という動詞ならば、他動詞でしかありえない。必ず「〈何か〉を悟る」のだ。ところが、「悟り」と名詞化した瞬間に、「悟り」の意味が、「特別なある状態」とか「劇的なある心身状態」に変わってしまう。「大悟徹底《だいごてってい》」といい、宋朝禅あたりから「見性」といわれてきたことは、要するに、そういう「特殊な精神状態」や「心的（身的）体験」をつかむことだろう。

すると、とりあえずふたつ問題がある。まず、その状態にどうやって入るのか。次に、そのレベルに達したか達しないかを、どう判断するのか。

そういった心身体験は言語では説明できないから、直覚的に体験するしかない。そのために特殊な身体技法を伝授し、ある状態をつくりだす。達したか達しないかは、個人の特殊な経験だから、言語では普遍化できない。結局は、師と称する人間が見ていて、一方的に証明するしかない。

結局、「悟り」というのは、誰にもわからないことである可能性が高い。Aさんが「悟り」と称するものと、Bさんが「悟り」と称するものが同じだというのは、師であるCさんが「そうだ」（「同じだ」）と言ったという言説しかない。しかしCさんはAさんでもBさんでもないから、実はわからない。すると、この三つはぜんぶ別もので、結局「悟り」そのものはどこにも存在しない可能性があるわけ。

あるいは、テーラワーダ(2)（南方上座部仏教）やチベット仏教は、修行の階梯を設けて判定するようなシステムを持っているし、あのような呼吸法や修行方法で、ある種の精神状態をつくりだせることはまちがいない。しかしその精神状態を、言説戦略のなかのどこにどう位置づけるかという問題があるんだな。

「悟り」の境地を強調する人々は、その体験を「真理そのもの」とか「絶対の境地」という言説で呼ぶだろう。しかし同じ体験を「変性意識」、場合によっては「脳の器質異常」とか「側頭葉の異常興奮」などと呼んでしまえば、まったく違う言語ゲームに入ってしまう。

そして「悟り」をめぐる言語ゲームの勝者をどうやって決めるかについて、分析的で客観的な基準を明言できる人などいない。したがって実際には、「悟り」をどう体験したかよりも、悟ったと称する人間がいかに集団内で支持を集めるかというゲームにしかならないわけだ。

——組織内の政治力学に還元されてしまうわけだな。

私はそう思う。だから宗教の組織化なり教団の成立過程にもっと注意しなくてはならない。大事な着眼点だと思う。

――一般の人だって、組織になると肝腎のものが失われる、とよく言う。宗教も教団になると宗教的なものは消え失せ、僧侶はもはや宗教的な人間ではなくなってしまっているのかもしれない。世間の人が伝統宗教を見る目には一定の理があるんじゃないか。原始仏教や原始キリスト教の歴史を見ると、これらが組織になって拡大していくときに、どんな人間関係の力学が働き、どういう問題が起こってくるかわかるような気がする。

集団力学で変質する宗教共同体

はじめに原初的な宗教的な集まりがある。まだ共同体ともいえぬ、しかし宗教的なものを核とした集まり。最初はキリストも仏陀も、自分がキリストとか仏陀だなんて思っていない。自分の問いに一生懸命とり組んでいるだけだ。

その姿を人が見て、「一緒にやろう」と集まってくる。それが、そのうち「答えは何か」という話になる。「答えを見つけた」「答えは何なのか」「答えにアプローチする方法は何なのか」

「教育するのは誰なのか」「このグループに入るのは誰なのか」といった問題が、だんだん膨張していく。

グループの運営に関しても、最初はみんな同じ立場で「ルールはこうしよう」「朝何時に起きよう」と決めていたのに、それがただのルールではなく規律になる。あるいは、特定のひとりが決めたことが絶対の規範になる。上下関係という垂直軸ができてくる。

さらに、グループの誰かひとりのやり方を見て、「同じようになりたい」という人間同士が集まる。また別の人物と一緒にやりたい人間同士が集まり、他とは違う特殊なサブ・グループがいくつもできる。階層もできるし、組織分化もする。これらの点は、そのほかの人間集団と何ひとつ違うところはない。

――集団化が生む問題の具体例だよね。

私は、「悟り」の問題を考えるのに一番肝腎なところは、仏陀と彼のあとにつづいた人たちの関係にあると考えている。仏陀のやり方を見て、感心したり感銘してあとにつづいた人たちは、必ずしも仏陀の答えや悟りについて、即座に首肯したわけではなかったと思うんだ。おそらくは仏陀の話を聞き、「なるほど」と思い、「自分も試してみよう」と思った。そのとき仏陀がとり組もうとした問いと、仏陀が語った言葉との距離をどうとらえたかが大事なんだよ。

シッダールタはいつ仏陀になったのか

――そういえば、仏陀は悟ったとき、自分が悟った内容は他の人には理解できないと思って、教えるのを躊躇したというね。これが興味深い。世界の宗教家・思想家を見わたしても、自分が到達し確からしいと思ってる境地を、他の人にはわからないから説くのはやめようと考えた人はいないんじゃないかな。

それでも仏陀は教えを説いた。それがとても重要だ。私が思うに、仏陀が仏陀になったのは、説法をしたときだ。出家して成道したとき、彼は確かにガウタマ・シッダールタではなくなっただろう。しかし仏陀になったのは成道のときではない。初転法輪をしたときだ。なぜなら、悟ったときの心理的な内容は、ぜんぶ錯覚だと言われたって仕方がない。気の迷いかもしれない。誰にもわからない。本人にすらわからないことだ。

ところが、彼はかつての修行仲間の比丘たちに説法をする。あにはからんや、アジュニャ・カウンディンヤ（阿若憍陳如）が悟った。そのときはじめて、彼に起こった内容が教えとして屹立したのだと、私は思う。

くりかえすが、ある心身状態がどのように起きようと、それだけでは錯覚か精神錯乱かもしれない。たんに気持ちがよかっただけかもしれない。実際、悟りの境地を七日間楽しんでいたという。しかし、ただ楽しいだけの話ならば仏教にはならない。ただの趣味だ。

私が原始仏典が非常によくできていると思うのは、悟ったあとに、仏陀は、自分が考えた内容を喋る、そのこと。それは一般に十二支縁起として知られるが、もちろんあんなにまとまったかたちでできていたかどうかは疑問。それでも仏陀に起こった心身状況と、仏陀が考えた内容は別ということだ。この微妙な違いが重要なんだ。ダンマ（法、真理）が露わになったとき、そのダンマの内容を語ることと、そこで起こった成道の体験そのものとは、すでに原始仏典からして違う。仏陀は心身の状況を語ったのではない。考えた教えを語ったのだ。

結局、何かを悟ったと称するときに起こった出来事は、そのあとの言説の立てようによって意味づけられる。出来事自体をうんぬんしてもしようがない。にもかかわらず、いわゆる「悟り」を強調する人たちは、その言説のありようとか、仏教をめぐることばのありように著しく鈍感なんだな。喋っているうちに、仏教がプラトニズムなどとどう違うのか、全然わからなくなってしまう。

――なるほどね。

原始仏典に書かれている方法的な鋭さや敏感さを、日本仏教のみならず、テーラワーダやチベット密教も欠いている気がする。そして彼らのいわば通俗化した形態としてオウム真理教が登場した。各種「仏教系」と称する新興宗教も、同じ陥穽に陥っているように思う。すなわち、あまりにも安直。その最たるものが「悟り」という言葉だろう。何を、どんな意味で、何を目的として語っているのか、いっこうにわからない。

しかも密教の瞑想であろうと南方仏教のヴィパッサナー(3)であろうと、修行していると、自分が進歩している実感を伴ってくるはずだ。一歩一歩「悟り」の方向に近づいているという感じがおそらくある。しかし、それを傍目で見ていると、いわゆるカルトの洗脳状態とあまり違わない。信者さんと喋っていても、カルトとどこが違うのかわからない。これも心身の状態を反省する視点が足りないからかもしれない。

身体訓練する仏教

――では、禅はどうなの？　そのあたりに対する注意が方法的に整備されているといえるの？

禅にも同じ問題はあると思う。やはり心身に起こる経験は強力で、なかなか反省的に考えるところまでいかない。

たとえば、禅宗はどこでも「摂心《せっしん》」――臨済宗では「接心」だが――というものがある。最大のものは、十二月の臘八摂心《ろうはつせっしん》。臨済でも曹洞でも、十二月一日から八日の朝まで一週間、集中して坐禅修行を行う。朝は三時くらいに起き、夜は九時まで、徹底的に坐禅させたり、公案問答で締めつける。睡眠時間も短い。非常に厳しい道場だと坐睡させ、横にさせない。

永平寺の摂心は、スケジュールがある程度決まっていて、寝させないわけにはいかないけれども、一日中坐りづめなのはやはり苦しいものさ。一年目など脚は激痛だよ。四苦八苦していると、精神的にも肉体的にも苦しさが頂点に来る。そこへ老師が、

「がんばれ」

「もう少しだ」

「道元禅師の身心をみんなで体験するんだ」

なんて励ますと、やはり盛りあがってくるのさ。

外には雪がしんしんと降る。五日目六日目ともなれば、頬がげっそり削げてくる。突然、屋

根に積もった雪が激しい音を立てて落ちる。すかさず老師が縁側のふちをパーンと叩いて、低い声で、

「わかったか」

なんて言ったりする。そうすると修行僧もみんな、よくわかっていないにもかかわらず、何かがわかったような、腑に落ちたような気になってくる。ひしひしとムードができあがってくる。だから禅でも身体感覚に直接に訴えているし、はっきりいうと巧妙に操作しているわけ。

――確かに一面の銀世界を臨みつつ、墨染を身にまとうた禅僧が一列に面壁して坐っているさまは、実に絵になる風景かもしれないな。雰囲気抜群というか。

ただ、私が思うに、こういう修行方法は、むかしは必要なかっただろう。むかしはいつも坐禅していたはずだからね。

では、なぜ摂心のように一週間と期間を区切り、集中的な圧力を身体にかけて、それを修行とか教育と称するか。もしかしたらそれは、修行の実質的な意味が廃れてきたからではないか。

仏教の教えを人生のなかで消化する本当の意味が失われてくると、教団のなかで、あるいは社会に対して、自分の集団がやっていることの意味や価値を見せつけるために、一種強力な身

体訓練をつくりだす必要が出てくるのかもしれない。とすれば、身体訓練がなぜ必要なのかについては、くりかえし検討する余地があるかもしれない。

日常の世界像を壊す

――確認させてもらいたい。確かに仏陀は身体訓練をされた。仏伝によれば、相当な難行苦行までされている。しかも苦行の意味を疑い、苦行林から逃れたあとでさえ、禅定や頭陀行は修行の重要な要素である。しかしなぜ？　身体的な被拘束状態をつくりあげ、心身をある状態に持っていくことに、どういう意味があるのか？

私自身の経験からしか言えないが、「身体にある種の拘束状態やプレッシャーを与えると、言語によってつくられた世界像や意識を壊すことができる」からだろうね。私のいた永平寺についていえば、永平寺に入って最初の一週間くらいは、新参には猛烈な圧力をかけ、かつ質問することを許さない。返事は「イエス」か「ノー」の二者択一。しかし先輩に対して「ノー」は言えないので「イエス」しかない。行うことの意味を考える前に、次から次へといろんな、しかもたいへん厳しいことをやらなくてはならない。

そうなると、普段の自分はバラバラに壊れる。日常の意識とか、日常生活のなかで成り立っている世界像が、実は、きわめて脆いことは、身体に直接訴えかけると簡単にわかるんだ。それを「日常からの離脱」ともいえるし、「自意識の変性」ということもできる。

——何度も話に出てくるオウム真理教は、初期にはちゃんとヨガをやっていたけれども、後期にはどんどん薬物を使うようになったときいている。ＬＳＤなどの薬物による日常感覚の解体経験と、修行における解体体験とはどう違うのかい？

体験自体を問題にするなら、基本的には、あまり変わらないと思う。修行と称して薬物を使うのは、別にオウムだけでもないはずだ。世界や時代を見わたせば、いろいろな宗教で使われている。ハシシを使う宗教もあるだろう。なぜそれが、洋の東西や古今を問わず宗教に導入されたかといえば、それで得られる意識の状態自体は、薬物でも身体へのプレッシャーでも、基本的には違わないからだろうよ。

神なき宗教における体験

——仏教でなぜ特に身体や意識に重きが置かれるかについては、別の考えはない？

うーん。仏教が特別かはわからないが、一神教の場合、人と神がまったく別で隔絶しているだろう。人が神に——すなわち人でない超越者に——なる契機は最初からない。神は神、人は人だ。したがって、人としての生活や人である意味を否定する必要もなく、そのための特殊なテクニックも必要ない。

ところが仏教の場合は、「成仏」したり「解脱」しなくてはいけない。ある意味で「人でなくなれ」「人の生活を去れ」ということ。私は仏陀が超越者とは思わないが、宗教の体系という点では、超越者と人が連続している。だからこそ、人であることを規定している生活パターンや意識から離脱する方法が重要視される……。

——納得できないな。たしか鈴木大拙もそう言っていた。仏教者でそう考える人も多いに違いない。しかし、それでは仏教は神秘主義ということになる。神秘主義の核は神と人との合一

郵便はがき

料金受取人払郵便

神田局
承認

7173

差出有効期間
2024年11月30日まで
（切手不要）

101-8791

535

千代田区外神田
二丁目十八―六

春秋社

愛読者カード係

＊お送りいただいた個人情報は、書籍の発送および小社のマーケティングに利用させていただきます。

(フリガナ) お名前	歳	ご職業
ご住所 〒		
E-mail 小社より、新刊／重版情報、「web 春秋 はるとあき」更新のお知らせ、イベント情報などをメールマガジンにてお届けいたします。	電話	

※新規注文書（本を新たに注文する場合のみご記入下さい。）

ご注文方法　□**書店で受け取り**　□**直送(代金先払い)** 担当よりご連絡いたします。

書店名	地区	書名		冊
				冊

ご購読ありがとうございます。このカードは、小社の今後の出版企画および読者の皆様とのご連絡に役立てたいと思いますので、ご記入の上お送り下さい。

〈書　名〉※必ずご記入下さい

●お買い上げ書店名(　　　　地区　　　　　　書店　)

●本書に関するご感想、小社刊行物についてのご意見

※上記をホームページなどでご紹介させていただく場合があります。(諾・否)

●ご利用メディア	●本書を何でお知りになりましたか	●お買い求めになった動機
新聞 (　　　　) SNS (　　　　) その他 メディア名 (　　　　)	1. 書店で見て 2. 新聞の広告で (1)朝日 (2)読売 (3)日経 (4)その他 3. 書評で (　　　　紙・誌) 4. 人にすすめられて 5. その他	1. 著者のファン 2. テーマにひかれて 3. 装丁が良い 4. 帯の文章を読んで 5. その他 (　　　　)

●内容	●定価	●装丁
□ 満足　□ 不満足	□ 安い　□ 高い	□ 良い　□ 悪い

●最近読んで面白かった本　(著者)　(出版社)

(書名)

㈱春秋社　電話 03-3255-9611　FAX 03-3253-1384　振替 00180-6-24861
E-mail : info-shunjusha@shunjusha.co.jp

だろう。

和尚は一神教には原理的に意識の変容や身体技法は必要ないというけれど、イスラムにはスーフィズム[4]がある。ギリシャ正教のなかには神人合一の思想が混入していると仄聞するし、マイスター・エックハルト[5]やクザーヌス[6]などカトリック神秘主義の流れもある。それならば、仏教はやっぱり典型的な神秘主義になってしまう。それでいいの？


まあまあ、そう結論をいそがない。仏陀を超越者と考えたり、「悟り」を超越的な何かと思うと、神と同じ話になってしまう。では、みずから超越者になったり超越者と一体化——つまり大悟——する段階に到達すればいい、ということになる。これはまさに神秘主義だろう。

そうではない、と私は思う。仏教の身体訓練は、日常生活のパターンやそこで成立している自意識、あるいは社会における自分のありようが、実は環境によって構成されたものにすぎないと示すためのものなのだ。そのうえで「諸行無常」や「諸法無我」を語り、教え、次の生きかたを示す。修行道場はそのための場所だ。

「自己への問い」を復活するには、一度解体しなくてはいけない。仏教の身体訓練は、その解体の方法論だと思う。そうでないと本当に神秘主義になってしまう。

身心脱落

――うむ、和尚の考えは一貫してるね。それでも、龍樹を神秘主義者ととらえる人は仏教学者にもたくさんいるように思うが。彼は身体技法ではなく論証的な手つづきによって言語世界を解体する。そこまではいい。しかし言語世界を解体したあとで彼が出会うものを、超越的なもの、神のようなものと考える人は結構いる。その超越的なもの、神のようなものと一体化することが悟りなのである――こうした考えには根深いものがあるんじゃないの。

文献学的にどうかは知らないが、私はそうは考えない。また実践家としては意味のないことだ。神秘体験をしたいのならば他にいくらでも方法はある。なぜ仏教を選ぶのかわからない。しかも合一する対象は「無」「無常」「無我」だよ。「無」と合一したって幻だろう。

――とはいえ、エックハルトも無を強調している。おのれの心を空無にせよ、神のために生きるのでもなく生きよ、いや、神のために生きていないことすら知らないように生きよ、という。

私としては、やはり『中論』の最後の数章が鍵だと考えている。突如として十二支縁起が登場する。もし神秘主義的な合一ならば、十二支縁起は必要ない。結局、「日常的な言語世界や自己を解体したとして、そのあとどうするのか」という問題がまだ残っている。あちらの世界に行くことがゴールならばあの章はいらない。

人によっては、あちらの世界から戻ってくるのは、「往相還相(7)」の「還相」みたいなもので、衆生済度の慈悲によって帰ってきて人々を救うためだ、と考える人もいる。でも私は、そんな他人事の話ではないと思う。一度言語世界を解体したって、そのあとも日常を生きていかなくてはならない。あちらの世界に行ったまま生きていくことはできない。

超越体験とは呼びたくないけれど、私だって似たような経験をしたことはある。しかし、あんな体験は簡単に醒める。永続はしない。そうしたら、もとのまま、そのままなんだ。「永遠の眠り」が死の別名のように、目が醒めるから眠り。それと同じで、あちらの世界に行ったきりなのは「精神の死」のようなものだ。

——その「行った」状態は、いわゆる「悟り」なの？

それは「行った」というだけで、私は「悟り」とは呼ばない。

――しかし、禅宗としては、「悟り」？

それを「悟り」という人もいる、ということ。道元禅師は「身心脱落」と言い、「悟り」とは言わない。「大悟」と言っても、「悟ったうえにも、また悟れ」として、「悟り」という言葉の意味を自分で変更してしまっている。「見性」は明確に否定している。

ただし私は、この体験が禅師のいう「身心脱落」ではないかとは思う。すなわち、「いままでの身心を自覚させているある状態」がある。それは言語意識であり、日常の生活様式である。この状態を解体する。あるいは離脱する。そういう経験だ。

――しかし「行った」ままにはならない、というわけだ。

そう。しばらくすると戻ってくる。お腹も減るし、脚も痺れてくる。

世間を見れば、「悟った」と称する人もそのへんにいくらもいる。しかし、あたりまえだが、彼らだってあちらの世界に行ったきりではない。私の目の前でご飯を食べていたり、お客さんとお茶を飲んだり、「今度仏具どうするか」なんて話をしたりしている。どう見たって日常の生活がつづいている。

「悟り」自体は無意味である

――そんな体験をしたところで、以前と何も変わらぬ日常がつづくというのならば、悟りの意義は何なのかな。

私はよくキリスト教の聖パウロ(8)の話をする。パウロはもともとサウロという名で、イエスの弟子たちのグループを弾圧していたのだね。ところが、ある日、弾圧に向かう途中で眩い光に照らされ、神の声をきく（使徒言行録9章3－8）。

しかし、それだけの話なら錯覚だといわれてもしようがない。パウロの話がリアルなのは、そのあと、弾圧者だったパウロが突然キリスト者になって、異邦人に宣教をしたことだ。この変化。生き方が根底から変わっている。その生き方の転換のどまんなかに「神の声をきいた」という話がある。だから、リアルなんだよ。

「悟り」の話も同じ。悟ったこと自体はどうでもいい。仏陀であれば、教えなど説くまいと思っていたのを思いなおして語ったところ、人々が驚愕した。そののち死ぬまで各地を伝道した。だからこそ、そこには何かあったとしか言いようがなくなる。

私がどんなに神秘的な、ことばでは語りえない、すばらしい体験をしたとしても、そのあと私が学生時代と同じようにどんちゃん騒ぎをやったり、ろくでもない生活をつづけていたら、そんな体験には何の意味もないだろう。「そんなものは気の迷いだ」と、一笑に付されておしまいだ。

あの体験は、私には確かに意味があった。坐ってある状態になったとき、「なるほど、自意識が無意味な状態になる」とわかったからだ。意識状態が変容すると、それまでの言語体系とか日常意識など自己の実存を規定していたものを一挙に相対化する視点を与えてくれる。そこに意味があるとしかいいようがない。

くりかえすが、重要なのは、ある体験をどう意味づけ、どう使っていくのかということなんだ。変性意識そのものはどうでもいい。仏教である必然性すらない。仏陀だって成道の体験をただの一言も語っていない。無意味だからだ。

――そこは大事な点だな。仏陀が体験を語らなかったのは、言語で言いあらわせないからか、無意味だからか。

無意味だからだ。さらにいえば、その体験を論じることが、「よく生きる」ことには何の役にも立たないからだ。まるで霊魂や妖怪について語るように。

――それでは、その体験は語れるのか？

語れることは語れると思う。ただし、それは麻薬のトリップの体験を語るようなものになってしまうだろう。焦点の合わない目を不規則に泳がせ、締まりのない口もとから、こみあげるようなだらしない笑い声を洩らしつつ、

「おい、すげえぜぇぇ。見えたぜ、見えたぜえ、よお、おい……」

なんて呂律のまわらないようすで喋っているのと、基本的に変わらない。そんなバカみたいな話にしかならない。苦労して坐禅してそのざまならば、そんなに手間をかけなくても同じような体験はできる。過呼吸状態を起こせば一発だ。実際、呼吸法を徹底的に訓練する場合もある。だいたい気持ちよくなりたいだけなら、セックスもあればギャンブルだってある。

仏陀の成道体験が有効だったのは、それによって別の主体をつくることができたからだ。「諸法無我」とか「諸行無常」を根本的に裏づけるものとして成道体験がある。

仏伝を読めばわかるように、仏陀は成道以前にも禅定体験がたくさんある。アーラーラ・カーラーマ仙人やウッダカ・ラーマプッタ仙人から「無所有処定」や「非想非非想処定」を習っている。仏陀はそんな禅定はすぐできてしまう。しかしそれは「悟り」をふりかざす人々、「(あちらの世界へ) 行っちゃった」人々のやり方であって、「よく生きる」ことの役には立たないから、自分には意味がないと感じた。

とはいえ、そういう体験全体が無意味だったかといえば、そうでもない。修行体験のおかげで、「諸行無常」である人間が「諸法無我」という世界をいかに生きるかと考えたとき、世界をきちんと認識する方法として禅定があることがわかったからさ。

——ガウタマ・シッダールタが持っていた自覚、ないし動機と、その自覚のもとで禅定経験を積んで、そこにどう意味づけをするか、このふたつの点が重要なわけだな。

そのとおり。そして、とりわけ大事なのは動機だ。なぜ修行しようなんて思ったのか。そもそも仏陀は漠然と真理を知ろうと思ったわけではない。彼には「問い」があったのだ。したがって、その「問い」が理解できないなら仏教なんかやらなくていいんだよ。

臨済禅のもっともらしさ

――和尚らしい言い方だな。でも、一般的に言うと、禅といえば「悟り」であり、「見性」だというイメージが強いだろう。坐禅して強烈な体験をする。それが「悟り」だというような。それから、もうひとつ公案というものがある。和尚は曹洞宗の人だから、あまり重点は置かないかもしれないが、禅の修行といえば禅問答。ぼくだって、

「如何なるか是れ祖師西来意[9]」(なぜ達磨は中国へ来たのか)

「庭前の柏樹子」(庭の柏槙の木)

などという、はたから見ればわけのわからない問答もいくつかは知っている。師家から公案を与えられ、七転八倒して答えを考えていっても、言下に否定される。ときには罵倒され殴られる。「道《い》い得るも三十棒、道い得ざるも三十棒[10]」ということばもあり、あるいは臨済[11]が黄檗にさんざん棒で叩かれた話もあるね。これはどちらかというと臨済宗の修行のやり方だと思うが、和尚はどう思ってるの?

それはまさしく世にいうところの臨済宗のやり方だ。で、私が思うに、これはとてもわかり

やすいんだ。特に西洋人にとってはわかりやすい。曹洞宗であっても、三宝教団[12]とか安谷白雲[13]氏のような、アメリカへ行った第一世代は、独参とか公案といった臨済の流儀をとり入れている。

双六のようなもので、禅の修行も一歩一歩段階を踏んで進んでいき、最後に「あがり」になる。その「あがり」の部分は、一種、神の世界のような超越世界になっている。だから、典型的な神秘主義といわれても仕方がないところがあるだろう。

曹洞宗と比較すれば、臨済のわかりやすさがもっとはっきりする。曹洞宗の場合、「身心脱落」といっても、「何を脱落するんだ」と問いかえされると、こちらが口ごもってしまったりする。「只管打坐」と言っても「寝ているのではなぜいけないのか」と問われると答えられない。

あるいは、私がアメリカやヨーロッパの人と一緒に摂心や安居を行うとき、一番困るのは「嗣法」の問題だ。「嗣法」とはすなわち「師匠から弟子に法が伝わる」ことなんだが、海外ではちょうど臨済宗の「印可証明」と同じ、つまり曹洞宗における「悟りの証明」と受けとられやすい。

しかも彼らは簡単には納得しない。

「曹洞宗の嗣法はどのタイミングでするのか」

と訊いてくる。さらには、

「どの時点で師匠から弟子に法が伝わったのか？　それは身心脱落のことか？　だとすると、それが身心脱落であることを、どうやって師匠と弟子のふたりで了解するのか？」

と、どんどん理屈で詰めてくる。ところが曹洞宗は、こういうことを論理化して人に喋る訓練を何もしていないから、ことばに詰まることになる。


——確かにそれは知りたいところだよね。


さらにまずいことには、現在の曹洞宗では、「嗣法」は住職継承に至る一過程にすぎず、完全に形骸化してしまっている。宗制上定められた儀礼を行い、書類を書き、届出をして、それでおしまい。「法」が伝わるというが、その「法」が何であるかは問われない。それでは外国人僧侶に答えられるはずもない。これはたぶん住職の世襲化と深い関係があって、嗣法がむずかしくてなかなか住職になれないなんてことになったら、寺の子弟は困ってしまうからね。

一方、臨済禅の修行もだいぶ形式化しているとはいえ、まがりなりにも公案の体系があって、段階をひとつひとつクリアし、殴られたり坐ったりもこなして、それで最後に「あがり」になるわけだから、それなりに明快だろう。

インテリアとしての『正法眼蔵』

――臨済宗が多くの派に分かれているのも、和尚の言う「わかりやすさ」と関係がある？

そんな気がする。臨済宗は宗祖が軽い、といっては申しわけないが、宗祖の権威とか教説の重みが曹洞宗の道元禅師ほどではないだろう。だからこそ後世の人間が宗祖のやり方に文句をつけたり別の説を立てたりできる。臨済宗がたくさんの派にわかれたのは、そういう事情もあったと、私は思う。

ところが曹洞宗の道元禅師はあまりにも重い。『正法眼蔵』というとんでもないものがある。誰もこの書物を理解できない。だから「正統」説を立てたくても立てられない。これは笑いごとではないんだ。正統が立たないから異端もない。無理に「正統」を言おうとしてもただ混乱を招くだけ。

かくいう私も『正法眼蔵』について原稿を書くことがあるけれど、その場合は、最初から自分の視点や目的をはっきりさせておく。道元禅師の思想や仏法が丸ごとわかったというのは無理だから、この角度から見るとこうも解釈できるという限定をはじめからつけておく。悪くいえば逃げ道をつくっている。いや、つくらざるをえない。

ことほどさように『正法眼蔵』は重い。歴史を顧みても、書かれてから五百年くらいは、ほぼ棚上げにされていた。江戸時代までは、道元禅師を拝むように、『正法眼蔵』も拝むだけであって、中身を解釈しようという話にはならなかった。

――なるほどな。

実は現代でもそう。十年くらい前のことだが、永平寺に『正法眼蔵』の古写本の和綴じ本――正確にいえば有名な古写本を豪華なつくりで再現したレプリカ――を売りに来た人がいる。紙は古紙と見まがう手漉き和紙、装幀も豪華で、大きな木箱に入って百万円だった。永平寺の猊下（管長。禅師）の箱書き付。しかも持ちこんできたアルバムには、購入した曹洞宗のお歴々の顔写真があった。

「それはもう、ごらんのとおりの老師方がお買いあげくださいました。○○老師は南老師にも是非勧めてみるようにおっしゃっておられました」

と、セールスマン氏のトークも絶好調。そもそもセールスマン氏は私の友人の紹介で来たというのだから、私もよもや無下にはできまいとあてこんでいて押しが強い。

とにかく私は本をひらいてみた。しかし何せ古写本だ。私は古文書学なんてやっていないから読めない。だから、

「『正法眼蔵』は岩波版を持っていますし、そのほかにもたくさんの版を持っていますから、これ以上は必要ありません。この複製本は私には読めないからいりません」

そうしたら、そのセールスマン氏は、驚くまいことか、こう言った。

「まあ、老師、そういうお考えもありましょうが、ここはひとつ、拝むものとしていかがですか?」

ちょっと待て、と言うんだ。本は読まなかったらただの紙の束だろう。こんな豪華本の高級和紙、メモ用紙にも使えない。

「いや、それはおかしいのではないですか」

と言いかけたとき、本を入れていた立派な木箱が私の目に入った。

「この箱はいいもののようですから箱だけいただきます」

と私が言ったら、セールスマン氏はひどく珍妙な顔をして、

「箱は売れません」

しかし読まない本なんかいらないというのが本当でしょう。

それからしばらくして、ある老師のところに法要の手つだいに行ったんだ。

この老師はたいへんな勉強家で、『正法眼蔵』もよく読んでいる人だった。そこで笑い話にこの豪華本の話をした。

「読みもしない本を百万も出して買って拝むなんて、バカ丸出しですよね」

なんて、笑いながらおもしろおかしく話したらウケてね、老師がゲラゲラ笑う。ふたりでゲラゲラ笑って、さて、これから法要だ、と立ちあがってふと見たら、あるんだよ！　その『正法眼蔵』が。

「あれっ？」

私が首をかしげていると、

「いや、きみ、これはなかなか飾りとしてはいいんだよ」

と老師が悠然と言う。私はもう完全にへどもどしながら、

「そ、そうですよね……」

と答えるのが精いっぱい。私は人生でぐっしょり冷や汗をかいたことが二度あるけれど、これがそのひとつだ。本当に焦ったね。

新しい言語を求めて

――笑った老師はなかなか大した器量だね。

いや、まったく。つまり、ことほどさように、曹洞宗のわれわれにとっては、『正法眼蔵』は巨大な重荷なんだ。多くの学者や知識人も一般の方々も『正法眼蔵』に興味を持ってくれているが、われわれ曹洞宗の僧侶は胸をはって期待に応えていると言うことができない――いわば僧侶としての責任を果たせない状態なんだ。

もちろん「提唱」という『正法眼蔵』を説くテクニックはあるよ。でも、それは、いわば伝統芸能にすぎない。語ることばも身内にしかわからない隠語とか符丁に近いものであって、閉じた共同体のなかで煮詰まってきた『眼蔵』解釈にしか、私には聞こえない。ところが、この共同体をひらいて、外の世界の人々にも、あるいは違う世代の方々にも理解できるように『眼蔵』解釈を再編成しようとしても、語るべきことばがない。

しかし――これは私の信念だが――『正法眼蔵』は僧侶が何か言わないと事がすまない本のはずだ。少なくとも曹洞宗の僧侶は、道元禅師の衣鉢を継ぐと言っている以上、評価はどうあれ、ある種普遍的な、一般の人にもわかる、外国語にも翻訳可能な言語で語らなくてはいけないと思う。

もっとも、そこにジレンマもあって、たとえば私が法話をしたり本を書くときに使うことばも、それまでの宗門のなかにはないことばなんだ。共同体の外側のことばを持ちこんでいる。そうすると、お坊さんはほとんど反応してくれない。アレルギーを起こすのがせいぜいでね。飛びついてくる人もいるが、大概はいわゆる、まあ、アウトサイダー。なかなか宗門の内部に浸透しない。

とはいえ、道元禅師自体が、中国文化と日本の文化の「あわい」にいた人だからね。あの『眼蔵』の言語はおそらく、禅師独自に開発した言語だからあんなに読みにくいに違いない。だから『眼蔵』を読むには、道元禅師と同じように、質的に新しい言語を導入しなくてはだめだと痛感している。

修行僧と性欲

——ところで、いきなりで悪いけどね、修行といえば、たとえば二十歳で出家し修行するとして、性欲的にはやりたいさかりでしょう。そういう欲はどうするの?

あははは……。あのね、私は永平寺に入って三年目だったか四年目だったか、完全禁欲をやってみたことがある。仏陀の定めた戒律のとおりにマスターベーションも禁止。これは絶望的に辛かった……。

唯一の例外は、坐禅をしたときだけは性欲がおさまる。俗な表現ですまないが、どんなにあそこがビンビンに立っていても、結跏趺坐のかたちを決め、呼吸が落ちついてくれば萎えてくる。あの呼吸の状態とあの姿勢で興奮することは無理なんだ。それを頼りに何とか性欲を克服しようとしたんだが、意識的に抑えこもうとすると、逆に四六時中、春の木の芽時状態になってしまう。これはもうマスターベーションは仕方がないと諦めたね。

——正直だねえ、和尚は。

ただ、アメリカに行って実感したのだけれど、人間関係も生活のパターンもゆったりしていて、飲食や睡眠に節度があると、性欲は大幅に緩和されるように思う。私が行ったのは夏のミネソタだったが、非常に爽やかで、ちょっと暖かめの穏やかな気候はとてもぐあいがよかった。楽だった。

だから厳しい環境だけではダメ。ギスギスした人間関係もよくない。しずかな道場があって、寒からず熱からず適温で、ゆっくり坐禅ができて、人からめちゃくちゃな命令もされず、過酷な労働もない。さぼっている人間がいても「まあ、損をするのは本人だし、仕方ない」ですませるようなところ。一生懸命修行する人は一生懸命がんばってもいいけれど、各自が自分のペースで、おのおのの修行を助けるためのほどほどの規律のもとに、必要な範囲で作業にいそしみつつのんびり修行すれば、性欲はかなり鎮静すると思う。

——本来、修行の場は、そういう環境になければいけないわけか。

環境のつくりかたは大きい。ただ、マスターベーションをやみくもに規制すると、そんな環境でもきついかもしれない。してよいというわけではないが、そのきつさが、もっと大きい弊害を生むような気がする。

そもそも性欲でも何でも、単に我慢するだけなのはバカバカしい。インドにはいまも苦行者がいるが、片手をずっと垂直に天に伸ばして生きている人間とか、ずっと片足で立ちっぱなしの人間が偉いのか、ということだよ。

性欲を完全に我慢していると、そのうち他に何も考えられなくなる。特に永平寺みたいに観光スポットにもなっていて、若い女の子があたりをちょろちょろしている環境で我慢なんかしていたら、たいへん。

実際に肉体を追いつめるとはっきりわかるが、人間の一番強い欲求は睡眠欲だ。次が食欲。最後が性欲。いわば衣食足りて性欲を知る。あっぱれなことに、うんと溜まってくると、大福餅の夢で射精する。私は朝起きて驚いた。食欲中枢と性欲中枢って本当に近いのだと実感した。

性と宗教性

――ふうん。じゃ、「性」というのは、仏教にとって何なの？

確かに原始仏典の性欲否定の強烈さ。あの嫌悪感は異常な感じがする。自分の男根をくわえてはいけないなんてことまで書いてある。そんなことをする人間が世の中にいるのか。いや、確かにヨガを修練していればできるのかもしれないが、そんなことまでいちいち指摘しなくてはならないのかね。いろいろな性交パターンについてまで言及する必要がどこにあるのかと疑問でならない。

――しかし仏教のみならず、多くの宗教で「性」は鬼門じゃないの。カトリックの聖職者も禁欲を旨として結婚しないが、かえって少年愛がさかんで、世界中で性的虐待が頻発して裁判沙汰にもなっている。一方、密教のなかには、性的エネルギーを悟りに向かうエネルギーに昇華させる教えや技法もあるようだが、否定するにせよ利用するにせよ、「性」がなぜ宗教にとってこんなに大きな意味を持っているのか、どうにも解せない。

ただ、どうかな。カトリックが正式に聖職者独身制を敷いたのは、比較的遅いのではなかったかな。確かに聖書のパウロの書簡を読むかぎり、パウロはかなりの女ぎらいに感じられるし、四世紀に教皇シリキウス(14)が聖職者の独身制を導入したともいうけれど、普通カトリックの聖職者の独身制が確立したのは、一〇七四年、教皇グレゴリウス七世(15)が、グレゴリウスの改革の一貫として聖職者の妻帯を攻撃し、独身制を決定した時点だというから結構遅い。しかも――どこで聞いた話だったか、定かでないが――その目的は、金集めだったという説もあるそうだ。つまり神父の結婚を禁止するが、その時点で結婚している神父については、一定の金を払えば例外を認めてやる、というので、多額の金を集めたというんだね。

それに、貞潔を強調するのは神父というより修道院だろう。しかし――もちろん修道司祭はいるが――普通の修道士の身分は信徒使徒職、要するに本来は、一般の信徒と同じ世俗の人間であって、聖職者ではないんだ。修道院の起源を考えても、シリアないしエジプトで（荒野の聖アントニウス[16]が有名）、マニ教[17]やユダヤ教エッセネ派[18]の影響のもとに成立したという説が有力であるところからすれば、もともとは異教的なものではないかな。一方で、同じセム系一神教の聖職者、ユダヤ教のラビやイスラム教の指導者は結婚する。

まあ、そんなふうにつらつら考えると、禅定や神秘体験と同じで、一神教ではなく、むしろ「脱人間」をめざす宗教にとってこそ、禁欲にシンボリックな意味がありそうに思う。

――ほほう。セックスをしないことが「脱人間」のひとつの条件ということですかな。さらにいえば、人間性の鍵は「性」だ、と。

ぶっちゃけた話、人間も生物であり、動物の一種にすぎない。そして動物である以上、本能がある。一般に睡眠と食欲と性欲が三大本能といわれているでしょ。そして宗教は、睡眠を制限したり断食したりして、この三つの本能を目の敵にする。

しかしね、このなかで完全に絶っても生きていられるのは性欲だけだ。睡眠絶無、断食完全なら死ぬしかない。だからこそ性欲が禁欲の最大のターゲットになるのだろうよ。うがった言い方をすれば、性欲しか禁欲できない。

――しかし反対に、密教では性を悟りにいたる方便として利用することもある。禁欲が大事ならば、なぜそれが修行の手段にもなるの？

私にもわかるような気はする。抽象的にいえば、セックスは、男と女だろうが、男と男、女と女だろうが、相対性《あいたい》のなかで自我を壊しあうゲームのようなところがある。部分的にではあるが、自我のモデルが壊れてしまう。であるがゆえに、性愛には宗教的なニュアンスが含まれていると思えるね。

また、セックスのエクスタシーには、ある種の宗教がもたらす忘我感と近いものがある。性的なエクスタシーを、ある種の合一感、通常の自我の解体感とみなして、宗教的意味づけをするわけだね。さきほどの「悟り」体験と同じで、ある境地を特殊化し、絶対的な意味づけをすればそれでよいというなら、麻薬や性のエクスタシーを利用してもいっこうにかまわない。しかし……。

――しかし、ある境地に「行ってしまう」ことが最終目的であればそれでいいが、「よく生きる」ことが目的ならば、そうはいかない。そして仏教がめざすのは、その「生き方」なのだ……かな。和尚の主張はよくわかってるよ。ただ、ぼくが訊いているのは、性的なものは、ある意味で宗教と相通ずる部分があるにもかかわらず、なぜ禁じなければならないのかということだ。さっき和尚は原始仏典の例を出した。なぜあそこまで禁忌しなければならんのか。

なぜあそこまで性を禁忌するのかは、正直にいって私にもわからない。ただ、わからないなりに考えると、教団内部や外部世間に対して、「脱人間」を見せつけるため、あるいは、おのれが自覚するための象徴として、性を断つのではないかということだ。

性は社会をつくる。結婚と出産によって家族や親族といった血縁共同体を生みだす。しかも現在よりも過去において、血縁の意味ははるかに大きかった。儒教の伝統のある地域では、最大の親不孝は子孫を残さないことだといわれるほどだ。これを完全に断念することは、象徴的に「脱人間」「脱動物」の意味がある。

もちろん出家しても教団自体がひとつの社会的存在には違いない。しかし、親族や家族を単位としてつくりあげられる普通の世間であってはならない。日常生活を営む人間の否定を、性欲の否定によって最も端的に誇示したかったのではないだろうか。

とはいえ、決定的な理由はわからない。もしかしたら性的な関係に「流される」のを封じたかったのかもしれない。確かに性のエクスタシーによって小さな悟りを得るという方法論はありうるかもしれない。もっともその境地は「悟り」ではなくて「愛」という美しいことばになるのだろうが、性愛の執着はきわめて強いからね。

しかも睡眠や食欲は自己に対する執着といえようが、「性欲」は他者に対する執着になる。もとより人間は社会的動物であり関係的な存在だが、性愛というある特定の関係にだけ強く執着してはならないという意味なんじゃないか、と思ったことはある。

——でもね、その一方で、人間の人間に対する執着は「性愛」だけではすまないでしょ。地位もある。権力もある。禅の師弟関係にも執着はあるわけだ。なぜ「性」に限定するのか。

それはそうだな。私が現実に見ていて危険を感じるのは、ものすごく優秀な師家には大した弟子が育たないことなんだ。とても魅力的で力にあふれ、リーダーシップもあって、「俺のやっていることは絶対だ。俺についてくれば必ずいい坊さんになれる」と断言しても大言壮語にきこえない、誰が見ても凄い坊さんがいても、その弟子は「何だ、この程度か」とがっかりするような凡庸な坊主が多い。反対に「これは優秀だ」と目をみはるような弟子が育つ師匠は、意外に穴だらけなんだよ。

——噺家や漫才師といった芸人さんでも同じような話をきくなあ。

結局、誰かのやり方に絶対的に惚れ、完全に帰依してしまうと、その人はみずからの営みとして仏教をすることができない。つまり仏教者としての主体をつくることができない。だから性に他者に対する執着の問題があるのは確かだが、それだけとも思えない。確かに他者への執着は他の場面でも起こることだからね。

話を戻して、性の禁止について、もうひとつ私がちらと思うのは、快感に対する嫌悪だ。仏典を読んでいると、性欲の場合はどうも快感を感じなければいいらしい。昏睡状態で射精させられてもかまわない。原始仏典には、昼寝をしているあいだに女の人が勝手にまたがってセックスした、なんて凄い例も出てくる。それ自体は別に問題なくて、ただ、快感を感じてはいけないわけ。

——それにしても、原始仏典には何でも出てくるんだな。

それはもう。女性に手でいかせてもらったとか、口を使ったとか、同性とのセックス、死姦、近親相姦、獣姦、およそ何でも言及はある。そして有罪か無罪かの判断の基準はたいがい、それによって楽しんだか、つまり快感をおぼえたかどうか。

——そんなに詳細かつ執拗に性愛を禁止したというのは、それだけ性愛が強力だ、ということでしょう？

それは間違いない。原始仏典の記述を見ても、修行者たちが何とか戒律に引っかからずに性的満足を得ようとあの手この手とくふうするので、戒律もどんどん細かくなったと言っている。ともあれ、人間の「性」は生物の本能とは違う。自己承認欲求とでもいうか、相手から絶対的に受け入れてもらいたいという思いがある。その「絶対的に受け入れられる」ことの幻想性と、それを自我の根拠にしようという執着。性の禁忌にはそれを封じこめようという意図はあるかもしれない。同時に、快感そのものの問題もある。だからむずかしい。

——しかし、性もある意味で忘我の境地にいたる手段ではあるわけだろうに、それをそこまで徹底的に……。

いや、その点は私も同感なのさ。徹底的に抑圧することはかえって害が大きいのではないかと私も思う。ただ、エクスタシーや自己破却感を持つ方法はいくらでもあって、セックスだって、麻薬だって、酒だって、いい。しかし仏教はそれらをぜんぶ切り捨てた。

まあ、いろいろと複雑な事情があったとしかいえない。おそらく仏教の「脱人間」主義をふつうの人に「凄い」と思わせるには「禁欲」というやり方がよかった。方法を限定して錯覚させることができる。麻薬を使用したり転んで頭を打って忘我の境地に至っても尊敬されそうにはないでしょ。自己解体とか日常生活からの離脱という意味では同じでも、他の方法を封じて修行に専念し、仏教修行者や僧団を社会から認めさせるなど複数の理由があいまった結果なんだろうね。

出家の本懐

――そういえば、和尚は永平寺で二十年修行をしたんだよね。そして山を下りた。山を下りて何か変わったことはある?

つくづく俗世はたいへんだと思ったね。いや、永平寺という「壁」の大事さが身に沁みた。人間はやっぱりね、体が先なんだ。永平寺のなかに逃げこんで坐禅をしていれば誰も入ってこられないが、一歩外に出れば、誘惑もあり、煩わしいこともいろいろある。

意外に思うかもしれないが、修行僧ってモテるんだな。私が永平寺にいたとき受付から、あわてふためいた、てんで要領を得ない電話をもらったことがある。係の人間が受話器の向こうで、理由も言わずに「たいへんなんです」とくりかえす。

何ごとかと思って行ってみたら、巨大な百合の花束をかかえた外国人の女性が私を待っていた。プラチナブロンドの髪に、吸いこまれるような灰青色の瞳の凄い美人。受付係によると、カウンターのうえに置いてある大きなケーキも自分で焼いてきたらしい。あたりにはたくさんの観光客も寺のスタッフもいる。そこでいきなり私に向かって、

「私と結婚しなければ、あなたは不幸になります。私はあなたを幸せにするために生まれてきたのです」

とハスキーな声で叫んだんだよ。いや、本当にびっくりした。以前一度だけ坐禅の指導をした人だったんだけど。

しかも私には、そのたぐいの経験が一度ならず何度かある。私だけじゃない。他の修行僧にも同じような経験をした者は何人もいる。

ところが、永平寺という「壁」があれば、「永平寺のなかにいるかぎりダメなんだ」と——ここを間違えてはいけない、相手よりもまず、自分に対して——たった一言で断れる。

もちろん私も男であり、欲望がないわけではない。そんな美女の登場は凶器のようなものだ。一瞥で意識をわしづかみにされてしまう。自分の意志なんか関係ない。何といっても、目の前に、服のうえからでも明らかな両の乳房の見事なふくらみが、厳然とある。

——そりゃまったくそうだよねえ。

永平寺のなかにいると、たまのわずかな性的刺激が信じられないくらい強烈だった。いまふりかえってみれば、女性の胸がそんな理想的なかたちだったわけでもないだろう。しかし、そのときの私には、それはまさに究極の胸に見えた。「いい女だなあ」と目が吸いついて離れない。性欲も疼く。しかし、それでも、永平寺という「壁」の内側に体を入れているかぎり、どうしようもない。それで大丈夫、逃れられる。道場のよさ、ありがたさはこれだな。

そう考えると、禁欲するのも修行するのも、意志が固いかどうかという以上に、道場にいるかいないかが鍵なんだ。むしろ意志だけで欲望を避けようとすると、人間がおかしくなると思う。

「どうだ、俺は欲望を我慢しているから偉いだろう」

と禁欲が自慢のたねにもなるし、自慢でもしなければやっていられない。さらにいえば、通常の方法で性欲を発散できないわけだから、妙なところに性欲のはけ口をつくることにもなりかねない。原始仏典の修行者がいろいろくふうしたようなもの。

——たとえばどんなこと？

具体的に言うとまずいんだが、さしさわりのない範囲で言うと、以前、私の知りあいが自分が結婚した理由を教えてくれた。禁欲していると自分が耐えられないような異常な性的妄想が浮かんでくるからだ、というんだよ。自己嫌悪でとても耐えられない。これならいっそ結婚したほうがいいと思ったのだそうだ。

別の人の場合、性欲が異常な宗教的情熱に変わっていった。ヒンドゥー教のバクティ(19)さながらに何度も何度も地べたに五体投地したり、あらゆる変わった修行のやり方を試すんだ。性欲を昇華しようというわけ。この人にかぎらず、性的禁欲をつづけている人のなかには、何か超越理念のようなものへ向けて性的エネルギーを集中し、起爆剤にしようという人が結構いるけれど、バクティは本当に凄い。床の上で三千拝。おそらくオウムのクンダリニー覚醒(20)もこういうエネルギーではないかと思うが、三千拝もすると、額の中央の床にあたるところに、ピンポン玉を植えたようなコブができる。するとその男は、この額のコブには霊的なエネルギーが溜まっているのだ、といった説教をしたりする。

――何だか新興宗教やカルトのような話だな。

だから私は「性欲は我慢すべし」という禁欲主義はいやなんだ。しかしその一方で、性的なものから離れたほうが、より深い仏教者としての生き方ができるだろうと思うことも多々ある。仏陀のように生きようとするならば、同じ道を行くほうがいいと感じる。つまるところ、私自身はっきりした結論は出ていない。

ただ、仏教には出家と在家がある。であれば、出家者には出家者の生き方がなくてはならない。そしてそれは、世俗のやり方を否定するものではないけれど、世俗の人の苦しみを明らかにし、苦しみをなくすなり、和らげるためには、どこを変えればよいか示すための実践でなければいけないと私は思う。

それにはやはり禅定体験が土台になるだろう。「戒定慧」すなわち「戒律と禅定と智慧」を「三学」というが、この「三学」の実践が出家者の生き方なんだ。この実践と、この生き方がつくりだす思想体系が、「無明」と市井の人々の生き方を照射し、どの部分を変えれば市井にありながらよりよく生きられるか、もっと楽に生きられるかを提案することができて、はじめて出家者にも意味がある。

——待った。その前にきかせてほしい。いま「市井」と言ったけど、出家者にとって市井とは何か。世間とは、世俗とは何か。

ある種の苦しみの世界というほかない。しかし否定するのではなく共感すべき世界。仏教者はよく「慈悲」と言うが、「慈悲」ということばには、どうも上から下へ見おろすニュアンスがあってよろしくない。ただ、そうは言っても、「慈悲」の根本はあくまでも他者の苦に対する想像力だと思う。

苦のただなかにいては見えないものがある。いったん外に出なければいけない。そこに出家の意味がある。他者の苦、実存としての無明の苦をよく見て、的確にアドバイスするためには、別の生き方から苦のありようを照らしださないとだめなんだ。

私は、自分が出家する前にかかえていた問題が、いまも最大のテーマだと感じている。同じ悩みをかかえて悩んでいる若い人がたくさんいる。いや、若い人だけではない。中年の人もいっぱいいる。これだけニートやフリーター、あるいは引きこもりと呼ばれる人々が増えているなかで、おのれの実存に悩み苦しむ人が大勢いるのは間違いない。

私には、世間とは違う生活で見えてきたものがある。そこから得たことばを、いま悩み苦しんでいる人たちに投げかけると、感じてくれる人は感じてくれる。効果がなければやめるが、私の実体験として効果があると確信できる。だから完全な出家状態ですごした永平寺の二十年は無駄ではなかった。あのような生き方を日本においてきちんと実践できるならば、その意義は大きいと思う。

――でもね、出家といっても、注意しないと、オウム真理教のように独善化して危険なものに変じていく可能性はあるでしょう。

だから私は、いまの日本仏教を全員独身者にしろとは言わないの。しかし、せめて独身出家者五十人くらいの純粋な修行集団を曹洞宗のなかに確保しておいて、本山の貫首や僧堂の堂長には不自由しない状態にならないかと思う。また、修行者と一般の人を媒介する寺の住職たちが、「これ以上の詳しい話はあの人に訊けば」というふうに、独身修行者をすぐ紹介できるようにはしたい。それで、教団内の位置づけははっきりする。

その結果として、修行者たちが安心して独身ライフで「お坊さん」をまっとうできる保証がある場、修行者の「サンクチュアリ」をきちんとつくることができれば、それでよい。私は、制度上どうしても必要な手法だと思う。

――気持ちはわかるけどなあ……。何か、劇的な意識の転換が必要だろうなあ。

第6の対話……霊魂と因果について

和尚の結婚物語

――和尚は、出家し修行するなかで在家の世界からは見えないものを見ることが、ひいては在家を救うことにもなると言ったね。それでは典型的な出家主義を標榜していると思われても仕方がないだろう。しかも、出家というものは「非婚・独身」が基本だと言うんでしょ。日本の伝統教団も独身の修行者集団をつくるべきだと主張するんだから、この点も明らか。確かに仏教僧侶が結婚する国は日本のほか、ごくわずか。中国にせよ東南アジアにせよ、日本の僧侶を僧侶とは認めない。肉食妻帯を行うからだ。

明確な基準で、非常にわかりいい。

――ところが、実は、和尚は結婚している。出家主義・独身主義とはまったく矛盾しているように思われる。だから訊きたい。和尚はなぜ結婚したのか。

人を介して今の妻と初めて会ったとき、「いいお嬢さんだな」と思ったんだ。しかし、当時の私は、結婚なんて毛頭考えてはいなかった。結婚なんて想像すらしたことがなかった。なぜなら、私は一生、永平寺にいるつもりだったから。

「成仏」とは、要するに「仏陀のように生きること」だ。ならば、道元禅師が仏陀を慕ってさまざまな生活規範や修行の方法を編みだしたように、できれば自分も出家後の仏陀や道元禅師と同じく非婚で通すほうがよいと思っていたね。いまも本音ではそう思っている。だから彼女と会ったとき、

「あなたはとてもすてきな人ですが、私は修行の身だし結婚はできません」

と断った。

ところが、その後何年も永平寺にいると、永平寺で一生を送ることはできないことがわかってくる。別に制度上だめなわけではない。いたければ何年でもいられるように見える。しかし事実上できない。貫首にでもならないかぎり、どこかの時点で出ていかざるをえなくなる。

一方、彼女のほうは、会った日から一年たっても二年たっても、まだ独身でいると風の便りにきこえてくる。実は、ごていねいにも節目節目に彼女の近況を教えてくれる人がいたんだが、誰かがお婿さん候補を紹介しようとしても会おうともしなかったらしい。不審に思って事情を訊ねたら「実は結婚したい人がいる」と答えたという。これには胸を打たれたねえ、実際。結局、彼女は私を八年間も待ってくれた。

——よく言うねえ。大したおのろけだ。

ききたいと言ったから、話したまでだ。とにかく、私だってはじめから、この人はいいなあ、と思ったんだ。永平寺に一生いようと思っていたから断っただけ。

ところが永平寺にはいられないとわかった。他の僧堂の師家になるにも、私のような突飛な考えをするアウトサイダーは、そう簡単に受け入れられそうにない。ならば、彼女の気持ちに応えて、思い切って方向転換しようと考えた。もし結婚して、家庭を持って、それでもなお仏道の探究が可能なやり方があるならば、それを自分の身で確かめてみようと思った。でも、なかなか決心はつかなかったなあ。

——それは察しますよ。

だから、現在の日本仏教に、安心して独身で修行をつづけられ、そのまま死ぬことができる場所をつくらなくてはならないというのは、私自身の経験からも思うことなんだ。そうでないと、独身のお坊さんはただの変わり者扱いされるだけになってしまう。まわりの人間は、出家は不犯独身が本来だというので、おもてむき奉るふりをするが、本音では「修行オタク」だといって蔑む人も多い。それはまずい。そこで——私は曹洞宗だから——曹洞宗のなかに終身僧堂みたいなものを、修行者のひとつの選択肢として確立できないかと思っている。ただ、そういう出家主義・独身主義を、独身の私が叫ぶといやらしいような気もする。結婚している私が、それでもなお「みんなで独身のお坊さんを守ろう」と主張するほうが、受け入れられやすいところがあるとも思った。

日本の僧侶は独身修行僧ではいられない

——日本の禅では一生独身で修行できないとはね……。独身者の終身僧堂もないわけだな。それでは修行者はどうすればいいの？

まったくできないわけではない。しかし、それは非常にむずかしい。ふつうにできないんだ。日本の仏教教団というものは、それが何宗であろうと、住職教団であって僧侶教団ではない。住職にならないかぎり、教団人としての意味がない。単に修行している僧侶は、極めて位置づけが弱い。

――本山に独身で一生をすごす僧侶がたくさんいて、本山のまわりに在家の人たちと交わる多くのお寺の住職さんがいるというのではないの?

正直にいうと、私もそう思って永平寺に入ったんだが、そうではない。永平寺に入って最初の五、六年は修行僧のままでいられる。二、三年も経てば古参と呼ばれるが、まだ修行僧。でも五、六年たって内部の事情がわかってくる頃には、修行僧から「役寮」という名のスタッフになる。スタッフは一年契約の被雇用者だから、上司や責任者の判断で解雇されても文句が言えない。修行僧ならば、制度上、山を下りたいという自分の意思と、山を下りろという師匠の意思が一致しないかぎりずっといられる。それなら修行僧の地位にとどまりつづければよさそうなものだが、そうはいかない。さまざまな不都合が生じるから。

たとえば、新しい永平寺の貫首が、七十歳なり八十歳でよその寺から入ってきたとする。ところが私が八十歳、「永平寺で修行ひとすじ五十年」なんて話になったらどうなるか。

貫首と平の修行僧では地位も権威も段違いだと思うだろうが、それは世間のものさしであって、修行道場の世界では、五十年の持つ意味はとてつもなく大きい。いくら貫首が永平寺の統括責任者であっても、つい二年前に来たばかりであれば、永平寺内部の評価、特に修行僧の評価では、修行五十年の人には絶対にかなわない。これは組織の統括上、まずくもあるだろう。
——修行五十年の老学僧なんて理想だと思うがなあ。

私もそれが可能だと思って永平寺に入ったし、そういう立場になりたいと思って、それとなくさんざん根まわしも画策もしてみたんだ。しかしやはり無理だった。どうしても出ていかなくてはならない。

別に悪意で追いだすわけではないよ。むしろ善意。教団において、ゆくゆくは「一人前＝住職にしたい」という。

実は、教団の誰ひとりとして、修行僧がやがて老学僧になって、そのまま僧堂で一生をおえるような事態を想定していないのさ。つまり、いずれ山を下りるのは自明の前提。しかし、もともと寺の子弟であれば「実家」に帰ればいいだけだが、寺院出身者でなければ帰る寺はない。すると「可哀そう」だというので、永平寺の偉い人が心配し、善意で、わざわざ行き先の世話をしてくれたりするわけ。

私もそのひとりで、山を下りても行くところがなかった。そうしたら上司が心配してくれて、いま住職をしているこの寺を紹介してくれた。

ね、だからこれが最大の問題。臨済宗もおそらくあまり違わない事情で、ある人間が二十歳で道場に入門しても、その道場で死んでいくことは無理だと思う。

――いや、ちょっと驚いた……。

永平寺の貫首も、ここ最近は独身者がつづいていたが、その前は妻帯者だった。独身の僧はいまや数少ない「例外」にすぎないんだ。他の国ならば一生独身の僧侶は主流なのに、日本仏教では「変わり者」。妙な話だが、お坊さんどうしが集まる席では、独身をつづける者は「あいつは出家だからね」なんて陰口を叩かれたりする。悲しいかな、「独身」や「出家」は、ときとして誰かを揶揄するための蔑称になっている。

日本仏教に独身の僧侶を復活せよ

――臨済宗は具体的にそこはどうなの？

詳しくはないが、臨済宗には、師家と称する人間は独身でなければいけないとか、二十年や三十年は修行しなくてはならない、といった独特のマニュアルがあるという。これは一見大したもののように思われる。しかし実情はどうか。憶測は言うべきでないが、作家・水上勉さん(1)の『雁の寺』に登場する肉欲に溺れる老住職の姿には、物凄くリアリティがあるとだけは言っておきたい。何せ水上さんは、子ども時代、実際に小僧として禅寺へやられた人だからね。

そのほか仄聞するところでは、臨済宗では管長になるのに奥さんを離縁して、形式上独身を装うこともあるらしい。曹洞宗でも要職に就く前に方便として離婚というやり方をする場合があるという。そこまでしなければならないのかと思うと、あまりに情けないじゃないか。

そこで私は考えるんだが、たとえば四十歳で師家になるなら、一生独身・非妻帯という決まりにしてしまえばどうか。確かに僧になるとき受戒するが、師家になるときにもう一度、最終的な出家受戒をさせ、生涯不犯を誓わせる。その年齢を何歳とするかは政治的判断だけれど、四十歳が上限だろうと思う。もし性的な非行を犯したら僧堂から追放だ。したがって終身の身分保証はしない。……こういうことを言うと、すぐ「過激派」と非難されるがね。

――何となくカトリックの修道院に似ているように思うな。見習い期間を経て、まずは期間の定めのある誓いをし、それでやっていけそうだったら、ついには終生独身で、財産を所有せず、一生を修道院で送るという誓願を立てる。

そう。モデルは修道院。もちろん在家の人にそんな要求はしない。私は、日本の仏教には足りないものがあると思うから言うんだ。それは原理的なものの考え方だよ。そして日本仏教のなかで仏教の原理原則について尖鋭に意識して考えてきたのは、曹洞宗・臨済宗を含めた禅宗だと思うからこそ、禅宗が筋を通すべきだと思う。

ただ、もうひとつ大事なことは、もし独身修行僧たちの集団を結成したとして、おそらく彼らが考えることや行うことは、あまりに原理的にすぎ、また純粋すぎて、ダイレクトに一般信者には伝わらないということ。そもそも一般の人とは日常接することもないだろうし。

そこで、そういう尖鋭な純粋集団と一般信者のあいだを繋ぐ人間が必要になってくる。そこに、妻帯している一般住職の出番があるわけだ。純粋集団の言っている雲をつかむような話を一般の信者さんに媒介する。これで一般住職の教団内の役割もはっきりする。

――確認しておきたいんだが、まず仏教は本当に非婚主義なのかどうか。仏陀は修行をはじめる前には結婚していたし、ラーフラという子どももいた。彼はのちに出家して仏弟子のひとりになっているし、仏陀も父親としての愛情をもって接していたのではないかと感じられる部分は、原始仏典にかいま見えるように思う。それを考えると、仏教者に家庭があって本当にまずいのかな。どう、そのあたり？

仏陀、いやガウタマ・シッダールタがたまたま結婚したのは事実。しかし、そこに本質的な意味はない。結婚して失敗したと思ったかもしれないし、本音ではラーフラが可愛かったかもしれない。仏陀の生涯は事実として非婚ではなかったけれども、教団として、「非婚主義」ないし「出家主義」を原則として打ちだしたところに大きな意義がある。

私は最初、永平寺で死ぬつもりだったから、永平寺で死ねないとわかったときのショックは大きかった。入山して十年すぎればいろいろ考えるものだ。誰も悪気ではない。しかし本人自身も「そろそろ身を引かなくてはいけない」と感じはじめる。上の人も「山を下りるのなら寺を世話してやろうか」と思いだす。そうして、いつとはなしに修行の場から出ていくことになる。

——しかし仏教には独覚という存在もあるでしょ。仏陀も「犀の角のごとくただ独り歩め」[2]と言っている。山を下りてもひとりで修行をつづければいいでしょうに。

そこなんだよ、そこ。人跡未踏の山奥で、人を見ないで修行する覚悟でもあるならいい。そうでなければ、この日本では、山を下りたら下りたで、僧侶がひとりでお寺で暮らすのは危険がいっぱいなんだ。

別に自慢ではないが、私に住職の口を紹介してくれた人は、檀家さんに、

「永平寺でも少壮気鋭の凄い坊さんが来る」

と言ってくれたらしい。最初に少しはったりをかまして、檀家さんになめられないようにしてやろうということだったのかもしれない。しかし檀家さんのあいだで話題になったのは、ぜんぜん別のことだった。要するに、

「独身の坊さんが来る」

ということ。

この寺は、出世寺といわれていてね。なぜかといえば、住職が頻繁に代わり、来たと思ったら、すぐ別の寺へ出ていくからだ。でも、そんなのは檀家としてはいやなわけ。優秀でなくてもいいから長くいてくれる坊さんがいい。葬式も法事も、あとあとまできっちり面倒をみてくれる人がいい。

――なるほど。そこで住職に定着してもらうために、嫁の世話でもしてやろうという話になるわけだな。

それを断って、独身のままでいる和尚のところへ、同じ女の人が三回訪ねてくると、これが噂になると言うんだな。もちろん三十代の和尚のところに六十のおばさんが野菜を持ってくるならいい。でも独身の僧もやがて歳をとる。そして五十の僧のところへ六十のおばさんが三回野菜を持ってきたら、これはもう、かなり危険な話になってくる。

――ちょっと笑えないな。面白いけど。

私は実例をいくつも知っている。私の知りあいに、むかし良寛さんが住んだ五合庵もかくやという郊外の質素な寂び寺で、修行に布教にとがんばっていた志の高いお坊さんがいた。すらりとした長身で、しかも美形ということもあって、だんだんファンがついてくる。ただのファンならいいが、真夜中に寝ていると、ごんごんと戸を叩く音がする。翌日戸を開けてみたら野菜が籠のなかに入っている。そんなことがつづいて、ストーカーまがいの話にまで発展した。

――そうなると、住職自身の落ち度のように非難されるかもしれない。

この辛さが問題なんだ。あるいは不自然さ、安心して独りでいられないところ。それと同時に、坊さん自身も問題でね。何というか、いかにも「俺は女には目もくれねえ」という強がった態度は、ときとしていやらしく感じる。あるいは、「我慢しているな」という切なさがかいま見えることがある。

ところが、韓国や中国、あるいはテーラワーダのお坊さんは、独身不犯であっても無理がない。自然に独身でいられる。なぜといえば、彼らは独身であたりまえの集団だから。右を見ても左を見てもみんな独身。独身のまま僧院で死んでいくものだと社会的にも認知されている。だから明るく陽気になれる。日本の仏教界では、独身というだけで妙に屈折した仕方で褒められ、同時に「変わり者」のレッテルを貼りつけられてしまう。これに耐えるのは精神的にきついはずだ。

聖職者の独身があたりまえのカトリックでも男色や少年愛が絶えないのに、ましてや独身の修行者が僧堂の外へほうりだされてしまっては、社会的な圧力も厳しいし、生活していくうえでの障害も大きすぎるわけで、そうした負荷を和らげるためにも独身修行僧の道場が必要だと思う。

――和尚は、制度や組織をやけに強調するね。

個々の人間なんて弱いもの。制度ないし僧堂や山といった物理的な防壁があってこそ、きちんとした僧侶が「楽に」育成できると、私は思う。

世襲制としての日本仏教

――問題をややこしくしている理由のひとつに、いまの日本仏教では、僧侶がほとんど世襲だという事情は関係ない？

ある。だから寺院出身者でない私みたいな人間が出家したとき問題が起きる。いや正確にいうと、在家出身者にも寺院出身者にも弱点がある。

私が在家出身の修行者を見ていてよく感じるのは、自分の頭のなかでつくりあげた仏陀や道元や純粋出家者みたいなもののイメージで、がちがちに凝り固まっている連中が多いことだな。もちろん人のことはいえない。私もそうだった。私は、出家するところまでしか人生を考えていなかった。出家してからも人生はつづくし、それが人生である以上、いろんな試練や事件――それも、些末で、低俗で、どうでもいいとしか思えないのに無視することもできず、実に鬱陶しく腹立たしい事態――に数多く出遭わざるをえないことが、まったくわかっていなかった。

そんな私がこれまで何とかなったのは、永平寺に入ったとき師匠からこう言われたからだ。「どうせおまえは三か月で幻滅していやになる。だから警告しておくが、一年半は絶対何も言わずに我慢しろよ」

このことばがいつも心の底にあって、何があっても一年半は我慢しようと決心していたからよかった。

そうでないと、永平寺に入った途端、「ここは本当の仏教の道場ではない」とか「これは本当の禅ではない」とか「道元禅師の教えと違う」とか言いだすことになる。そして修行のイロハもわからないうちに辞めていく。

どこの修行道場だってしょせんは人間の集団だ。人間関係の力学も働くし、人それぞれに立場もある。政治もある。純粋すぎる人はそれが理解できない。泥のような人間関係のなかで、ありうべき修行とは何かを追求するのが大事なのに、そんな汚らしいものがあるなら真の仏教ではないと思ってしまう。このナイーブさは在家出身者の大きな弱点になる。

――ぼくには、その気持ちはよくわかる。低俗で汚泥に満ちた俗世を捨てて出家したのに、出家した先がまた低俗で汚泥に満ちているなら、何のために出家したんだということになるさ。

それがまちがいだと気づいてもらわなくてはいけない。われわれは汚泥に満ちた世界から逃れることはできない。われわれは生から脱出することはできない。どこまでもこの世界のなかで生きつづけるしかない。

――しかし、それでは在家も出家も変わらないことになる。違いはどこにあると？

適当な言い方がないが、出家は――いや、日本のお坊さんが本当にそうだというのでなくて、あくまで理念的には――世界ではなく、自分から脱出するんだ。蛇が脱皮をくりかえすように、未来の消失点にいるはずの仏陀に向かって、いま現在の自分をつぎつぎと脱ぎ捨てて進んでゆくイメージだね。

――ふうむ。

寺院出身者にも巨大な弱点がある。最大の弱点は、自分が僧侶として、あるいは仏教者として生きるという自覚を持ちにくいことだ。つまり動機づけが乏しい。われわれのような在家出身者なら、出家しようと思えば職も辞めなくてはならないし、まわりは大反対。親は「なぜそんなことをするのか」と問いつめ、泣き落としも含めて、あの手この手で翻意を迫ってくる。つまり出家するには多くのものを断念しなくてはならないので、「僧侶として生きる」という覚悟を決めないかぎりとてもできない。

ところが、寺院出身者は寺が生家。住職を世襲するのは家業の相続にすぎないから、「僧侶とは何か」と自分に問う契機がない。

要は、在家出身者には動機がありすぎる。発心が観念的で強すぎる。逆に、寺院出身者は発心が起きにくい。発心が強い人間は、その発心が具体的にはどんなかたちになればよいのか考える契機が必要だろう。発心がない人間には、何としても発心を起こしてもらわなくてはならない。

ちなみに永平寺に新しく入ってくる修行僧は、八十%から九十%が寺院出身者。圧倒的に発心の自覚がない人間が多い。だから修行僧に私はまずこう言ってやる。

「きみたちは寺を継がなくてはいけないと信じていることだろう。だが、そんなことはしなくてもよろしい。日本国憲法では職業選択は自由である。本当に住職が必要だったら、別にきみたちでなくたって、檀家が誰かいい人を探してきて出家させる。きみたちでなくてはいけない理由は何もない。自分が継がなくてはいけないなんて思いあがるな」

彼らは「寺を継げ」と言われることはあっても「寺を継ぐな」と言われることはないので、ちょっと揺すぶって考えさせてやるんだ。

また宗門系の大学を出てさえいれば、一年間修行すれば住職になるための最低の資格はとれる。だから永平寺に来て一年たつと、

「山を下りたいと思います」

というので役寮をまわってハンコをもらいにくる。当時山を下りるには役寮のハンコが必要だった。

私は役寮になった最初の二年、ハンコをもらいに来た者に訊いた。

「ほう、山を下りるのか。で、何がわかったんだ。なぜここで修行は終わりなんだ」

そうすると、

「それは……自由で……」

とか何とかぼそぼそ言う。そこでさらに、

「自由？　何の自由だ」

と訊ねていくと、だんだん表情が強張ってしどろもどろになる。埒があかないので、

「何がわかったんだ！」

と詰め寄ると、最後は固まって泣いてしまう。

そのうち私が若いのをいじめているという噂が立って、それで訊ねるのはやめた。

——若い人には気の毒なことだったかも。

違う。当然のことだ。別にいじめているわけではない。何がわかったのか訊いているだけだ。僧侶以外の職業で、適性や能力を審査しないで資格を出すなんてことはないだろう。しかし日本仏教は事実上、家業の相続であり、世襲こそが主流派だから、適性や能力を問うシステムがないどころか、問うてもらっては困るんじゃないか。

もちろん私だって事情がわからないわけではない。寺院出身者には呪縛がある。ものすごい責任感がある。寺が自分の家で、小さいときから「この寺はあんたが継ぐんだ」と言われつづけている。葬式や法事に父親と一緒に行ってお経を読んでいると、いろんな人から「あなたが私の葬式をやってくれるんだよね」と言われたりする。そのプレッシャーはとても大きい。寺院の生まれだというだけで、有形無形の束縛もある。

でも私は、この呪縛を解いてあげたい。「寺を継がねばならないという責任感はたいへん尊いが、それは思いこみにすぎない」と言ってやりたい。

――しかし寺を継がないと言ったら、実家を捨てるのと同じだろう。

両親に迷惑をかけたくないという気持ちもよくわかる。責任はむしろ親のほうにある。自分の子が僧侶の適性や情熱があると思わないかぎり、押しつけてはいけないんだ。この先、寺院経営なんて将来有望な産業ではない。人口が減少しているから檀家も減る。葬儀も散骨や無宗教式の「偲ぶ会」など多様化している。僧侶がそんな調子では、これからは生き残れない。単なる墓地管理人か、観光資源としての寺の管理人になってしまう。

――なかなかシビアな、現世的な話になってきた。

とはいえ、いまのところ墓地があるから三十年くらいはもつだろうし、とりあえず誰かがやらなくてはいけないには違いない。

しかし人材選抜の方法はいろいろあってもいい。主な人材供給源が寺院の子弟に限定されているのがまずい。後継者不足が深刻だという話をよく聞くのは確かだが、後継者を寺院子弟に限るのではなく、多様な人材を確保できるようにすべきだ。

住職に話をかぎれば、資格を出す手つづきを簡略化してもいい。曹洞宗であれば、僧堂に安居して修行するよりも、責任感が強くて常識を弁えている人のほうがいい。定年を迎えたサラリーマンでも、一定の基礎教養があり、人の気持ちがわかる常識人なら構わないのではないか。歳をとって出家した人間はだめだと軽々しく言う人もいるが、まずはやらせてみることだ。檀家の支持を確かめて、うまくいかないようなら辞めてもらえばいい。もし寺の跡継ぎはやっぱり寺で生まれ育った人間でなくてはだめだとみんなが思えば、世間に向かって「もっと丁重に扱ってほしい」と主張できる。

――しかし住職は檀家さんを預かるのだから、きちんと修行した立派な人であってほしいと思うのは当然かもしれないよ。常識のあるいい人でも、俗人と変わらないようではありがたみがないだろう。

アイディアはいろいろある。ケース・バイ・ケースだが、たとえば、運転免許には更新があるね。最近では教員免許にも更新制が導入されている。あれと同じように、一般の住職も何年かに一度は修行に行って、脱俗的な生活パターンや感性をとり戻してもらう制度をつくればいい。

大学を卒業して永平寺に入って、三、四年修行して、二十五、六歳くらいで山を下りた僧侶がいるとしよう。しかし三、四年の修行で残りの一生をカバーするのはつらい。三百万円の貯金で残りの人生五十年を食いつなごうとしたら、一日二百円も使えなくなってしまうのと同じ。そこで、山を下りて五年くらいしたら、もう一回僧堂に入ることにする。期間は一、二か月くらいかな。そこで只管打坐と『正法眼蔵』の講義を受けたら、また住職として認証され、以後その資格は五年間は有効——これなら申しわけが立つのではないか。そのあいだは住職が不在になるけれども、そこは、

「和尚さんがまた修行に行くんだな」

でいいではないか。檀家さんの世話は地区のお坊さん同士で代わってあげればいい。

「あの人、今度修行だから、不在のときはわれわれが法事をやりましょう」

それが日常の風景になるようだったら、一般の檀家さんにも、禅宗はやはり修行が大事なんだな、とわかるはずだ。

テーラワーダの問題点

——それなりのアイデアではあるね。

こうして——在家出身者も包含しつつ、おそらく結果的には寺院の子弟が多くなるであろう——一般住職の位置づけが決まれば、仏教教団の核となる生涯独身の純粋な出家集団に話を戻すことができる。先日も若い人から「日本仏教は原理性を失ってしまったからだめだ。原理性を回復しないかぎり日本仏教は消滅していく」と言われたばかりでね。そのためには、志のある人は一生修行できる、道元の初期教団みたいな、不離叢林型の僧堂を興しておかないとまずい。ただ、その出家集団をどういうものにすればいいか。残念ながら、実は、まだ明確なアイディアを思いついていないんだ。

——その点で東南アジアのテーラワーダは明快だ。すっきりしている。

そうだね。ただ私は、日本仏教をテーラワーダ式に変革するのはだめだと思う。現実的でもないし、機能的でもない。

それと、個人的に言うと、テーラワーダの人の話はつまらない。言語空間が閉じてしまっている。最初から行うことと言うことが決まっている。そこが「明快」なんだろうがね。私にはつまらない。行いについては戒律を守ればよい。言うことについては前例がある。ということは、教育も丸暗記が基本で、入門した瞬間から基礎的なお経を頭に叩きこむのだ。試験のときは師匠がお経や論書の一節を滔々と述べ、突然、「はい、つづき」と言うと、師匠が「いい」と言うまで、そのつづきをえんえんと暗誦する。問答も、何を訊かれたらどう答えるかすべて決まっているらしい。

私はいま東京のお寺でも「仏教・私《わたくし》流」なんて題して講義をしているが、それをスリランカのお坊さんがきいていて、若い修行僧に「危険だ」と言ったそうだ。

「あんなことは仏陀は言ってない」

私としては、そんなことは百も承知だ。だからこそ「私流」というタイトルにしている。が、彼らから見れば、ただの「外道」にすぎないのだろう。

シンポジウムや国際会議で、テーラワーダの高僧といわれるお坊さんの話をきいても、私にはものすごくつまらない。それは結局、ブッダの正しい教えは確定していて、それを知っている自分たちの解釈から外れるものは、すべて無意味だと考えているからだ。これでは人間の実存に触れた話にならない。同じ薬がすべての病人に効くわけではない。

——しかし、その膨大で厳密な実践と教義体系は強力だろう。

もちろんだ。僧侶としての基礎教養とは何かをはっきりさせて、それを徹底的に叩きこむやり方は、日本仏教もある程度見習うべきだ。多くの日本の坊さんは信じられないくらい仏教を知らない。最低限の知識すら欠いているから、話にならない。

ただ、テーラワーダの硬直化し型にはまった思考も、ろくなものではない。とりわけ子どもの頃に出家した人の凝り固まり方は凄い。

東南アジアやスリランカでは、口減らしとは言わないまでも、十歳とか八歳でお寺へやられるケースがよくある。しかし俗世を経験せずに、小さい頃から出家というのは世襲とあまり変わらない。悩む余地がない。実存の危機にさらされようがない。そのためテーラワーダのシステムのなかで一定の枠にきれいに収まってしまう。

日本の伝統教団の僧侶のあり方はほとんど世襲制で、作法や儀礼が歌舞伎みたいな伝統芸能のようになっているが、テーラワーダもそうなんじゃないか。でも歌舞伎なら人目にさらされ評価もされるので、修行もすれば、くふうもするだろう。仏教はまともに外部の評価にさらされることがないので、ますます硬直していく。

だとすれば、テーラワーダ式をそのまま日本の共同体に導入するわけにはいかない。仏陀自身、二十九歳まで俗世にいて、悩んで出家した人。日本仏教の現実から出発して、悩むなかからスタイルを探るほうがリアルだと思う。

実際問題として日本仏教はお葬式をやっている。仏教がもともとお葬式をやらないのは本当だ。日本人が死者儀礼を仏教に託したのだ。ならば、これを利用しない手はないだろう。葬式を通じて、本来の仏教の教えと現実の日本仏教の矛盾や葛藤や苦闘をみんなに見せながら、僧侶のありようを再構築する手もある。

戒律とは何か

――しかし、原理原則に基づいた明快な語り口と洗練された修行方法が、非常に曖昧で晦渋な日本の伝統教団の教義や布教の仕方にくらべて、ずっと現代人にリアルな教えとして受け容れられるんじゃないかな？

そのとおり。だからこそ、いま必要なことのひとつは、仏教を語ることばの世代交代なんだ。それは伝統教団の外ですでに始まっている。われわれはもう遅れることはできない。

もうひとつの問題は実践、パフォーマンスだ。自分が僧侶であるという旗幟をどう鮮明にするか。これも日本仏教の大きな課題だと、私は思う。

まさにここにおいて、戒律が問題になる。こう言うと語弊があるかもしれないが、戒律とは僧侶として「生きるスタイル」だから、まわりに見せつけなければならない。僧侶はパフォーマーとして、周囲の人にもわかる具体的なことをやらないといけないはずだ。

たとえば昔から「心の出家、身の出家」なんて言うことがある。そして「菩提心を持つ者はみな出家者だ」なんてことになる。こんな幼稚な精神論を言っても無意味だ。それならいっそ「背広を着るな」と言ってほしい。これはいますぐ簡単にできる。

新潟県長岡市にビハーラ運動というのがある。ビハーラはサンスクリットで僧院とか休息の場所を意味していて、かつては仏教ホスピスと呼ばれていたかと思う。末期癌患者の終末期医療の心のケアに仏教が関わって、生の質《クオリティ・オヴ・ライフ》を高めようという運動だ。しかしネックになったのは、お坊さんといえば葬式、葬式といえば死、という通念だった。縁起でもないというので、当時は病院に僧侶が入っていくこと自体が大問題だったらしい。

そこで長岡の仏教会はどうしたか？　人からきいた話だけれど、長岡の仏教会のお坊さんたちは、僧服で街のなかを歩きまわって、至るところに出没することにしたんだ。病院の受付にも僧服姿で現れ、隣のおばさんともこの恰好で話をする。できるだけ車を使わず公共交通機関を利用し、電車にも僧服のまま乗る。

——なるべく人目につき、日常生活の一部になろうというわけだ。

そのとおり。私は、これを考えた人は頭がいいと思った。

私にぽんと十億円、二十億円を預けてくれるなら、すぐに終身僧堂をつくる。私も入る。しかし、いきなり制度として独身の出家制度をつくったり僧院を建てるのは、実際にはむずかしい。宗門内部で抵抗もあるだろう。それならば、まず「背広を着るのをやめろ」「頭をきちんと剃れ」というの。

お坊さんのなかには、市役所に勤めている人や学校の先生もたくさんいる。彼らは頭を剃ると嫌がられると言う。しかしたとえ嫌がられても、僧服を着て学校へ行き、市役所の窓口に座ればいい。市役所の受付へ行ったら、頭を丸めた僧服の坊さんが応対してくれた、でいいではないか。市当局もそれでいいと言ってほしい。

――いいアイデアだと思うよ。

これは実は、私の師匠の教えなんだ。私が出家するとき師匠がひとつだけ条件を出した。

「この先おまえにうるさいことは言わんから、俺にひとつだけ約束しろ」

「何ですか?」

「これから坊さんになったら洋服を着てはいかん。それだけだ。いまここで作務衣に着替えて、服をそこで焼け。もう二度と着てはならん。作務衣を着て行くなら、どこへ行ってもいい。作務衣を着て遊びに行け。おまえが風俗に行ったって俺はかまわんよ。だけど、その格好で行くんだぞ」

しかし作務衣ではとても行けない。焼肉を食べたいと思っても、僧服では絶対にひとりで焼肉屋には入れない。ラーメン屋もちょっと抵抗がある。寿司屋でさえ厳しいかもしれない。この恰好で私が堂々と入れるのはソバ屋。でも、ときには肉が食べたいから、ソバ屋でカツ丼を食べたりする。

――ご苦労なことだねえ。

永平寺に入って二年がすぎて、はじめて外出させてもらったとき、たまたまホテルのレストランに入ったら、あたりのお客さんたちがみんないっせいにこちらを見た……。

――それは別に僧形僧服だったからじゃなく、違う意味ではないの？　当時のことだから、オウム真理教のメンバーだと思われたのでは？

いや、オウム事件よりも前。オウム事件が起きたのは、私が永平寺へ入って四年くらいたったときだった。その頃、所用で米原から新幹線に乗ったことがあってね。その車両には中年女性の団体客が乗っていて、けたたましく喋りあっているのが通路にいてもきこえていたのに、自動ドアがひらいて私が入った途端、ぴたりと水を打ったようにしずかになった。それから東京まで、おばさんたちはひと言も喋らない。ちらちらこちらを窺う視線だけが突き刺さるように痛い。本当に身の置きどころがなかった。

――それは和尚がオウムの新実智光(3)に似てるからに違いない。

永平寺の後輩にもまったく同じことを言われたよ。ホテルのレストランの話は、その二年前だ。あまりにいたたまれなかったので、それ以来、東京に出張するときは、必ず駅弁を買ってホテルの部屋で食べるようになった。やはり僧形僧服は人さまに強烈な違和感を与えることがあるんだろうね。

とはいっても、お盆の季節になれば、お坊さんが大勢僧服でうろうろしているんだから、日常的にこの恰好でうろうろすれば、そのうちまわりの人も慣れてくるのではないかと思うんだよ。

——着るものなんかどうでもいい、大事なのは心だ、なんて反論がきこえてきそうだな。

お坊さんのキャッチフレーズは「心」と「いのち」。外見ではない、内面が大事なのだ。だから衣服の話をするといやがられることもよくある。でも道元禅師が言うように、行っているうちにそうなることもある。だいたい僧侶は実践者だ。であれば、高邁な理念を語る前に、実際の行いがないと説得力がない。

だから坊さんに講演するときは、若い者に「いつも僧服を着ていろ」と言うことにしている。しかしその場に居合わす目上の偉い人たちが、背広にスラックス姿だったりするからね。さすがに私も「その恰好はないでしょう」と直接文句は言いづらい。困る。

——和尚の話をきいてつくづく思うが、日本の僧侶は本当に、在家・俗人と意識がほとんど変わらないんだな。これではテーラワーダのお坊さんがちゃんと戒律を守っているというだけで尊敬されるのも無理はない気がしてくる。

僧侶のことを「出家」というが、本当をいえば、「戒律を受けること」すなわち「受戒」とセットになって、「出家受戒」ではじめて僧侶なんだね。だから道元禅師は必ず「出家受戒」と使う。

では「戒律」とは何か？　戒律とは、自分自身のひとつのあり方を、自分で納得して規定することであり、「私はこういう生き方をしたい」という主張だ。だから私が「僧侶は頭を剃れ」とうるさく言うのは、たとえ素っ裸であっても、その人が僧侶であることが本人もまわりの人も認識できるように生きろということ。「われわれはあなたがたと違う」と人と自分に対して明示する。これが戒律のものすごく大事な側面だと思う。さもないと、その人は自分の生き方の筋が通せない。

私は僧侶が絶対俗服を着てはいけないとまでは断言しない。ただ俗服を着て、それでもなお自分は僧侶であると、おのれと他人をともに納得させるのは、僧服を着ること以上の難行であることは心に留めてほしい。

――俗服で僧侶たりえたと、和尚が思う人はいる？

そんな稀有な例が、『がんばれ仏教！』（ＮＨＫブックス）という本に出てくる故・有馬実成(4)

氏だな。この人はシャンティ国際ボランティア会（元・曹洞宗ボランティア会）の創設者だが、たしか僧堂での修行経験がない。有髪だし、妻帯者で、背広を着て活躍することが多かった。

しかし有馬さんは、仏教の縁起と慈悲を、自分がはじめたボランティアのなかで説きつづけた人なんだ。あの人の活動はただのボランティアではない。まちがいなく仏行だと思う。彼の言葉をきき、行動をともにした人は、僧侶とはこういうものかとつくづく思ったに違いない。あそこまでいけば人は何も言えない。それが覚悟というものさ。

お坊さんが学校の先生でも市役所や農協に勤めてもいい。小さい寺の跡継ぎもいる。檀家が少なくてお布施もあまりないから、自分たちの給料を寺の維持につぎこまなくてはならない。たいへんなことだよ。

だから、どんな職業についてもいい。しかし、「なるほど彼はお坊さんだからこう言い、こう行動するんだな。お坊さんだから彼は違うんだな」とわかるような仕事をしなくてはいけない、と言いたいんだ。これがなければ僧侶である意味がない。

一般の人は僧侶に何も求めない？

――おっしゃることはわかるけれども、和尚自身が認めているように、現実はそうではない。

大概のお坊さんは仏教の知識も教養も貧弱で、法話をきくとがっかりする。きちんと剃髪もせず普段は僧服も着ない。仕事ぶりは典型的な公務員かサラリーマンで、霊性のカケラも感じない。人によっては風俗店にも行く。この巨大なギャップの理由がいまひとつわからないなあ。

現実には教団内の地位でさえ、修行の深さやら仏法の探究やらで決まるわけではない。教団の要職を務めたとか長年保護司を務めたなどといった、いわば世俗的な経歴で決まることが多い。どの教団もほとんど同じだと思う。そういう選択基準もあながち否定する気はないが、決定的な問題は、どの宗派も、どういう僧侶を理想とするかについて、徹底的に考えていないだろうということ。これは、教団の将来にとって、致命的だね。

――しかし、なぜ？

私が思うに、結局、社会の人が坊さんに何も求めないからだろう。一昔前の調査では、とにかくお葬式と法事をきちんとやってくれればいいという意見が最も多かった。僧侶がそんな世間に甘えた責任も大きい。しかし一般の人々が仏教や信仰についてまじめに考える時代がなかったのも大きいのではないか。

――それは承服できないなあ。これまでも貧乏や病気や諍いに悩む人は絶えなかった。実際、創価学会をはじめとする新宗教は、高度成長期に大々的に勢力を拡大している。そのほか街角の拝み屋や占い師は、宗教的背景を持たない街のおじさん、町内のおばさんをとりこんできた。苦悩は地に満ち、嘆きは世にあふれていたのに、伝統仏教はあまりにも無力だったように思う。

そうだね。最大の理由は、僧侶が食えていけたからだろうな。檀家制度(5)があり、人々は信仰と関係なく所属する寺を決められた。江戸時代は行政機関の末端として権力を持っていたから、民衆は寺に従わざるをえなかったし、明治時代になって寺が統治機構から外れても、慣習として生き残っている。お葬式と法事がお寺の主な収入だったから、悩める人々をとりこめなくても腹にこたえなかった。

しかし檀家制度はいまやただの慣習だ。別に寺を変えても構わない。寺に墓地があって動かせないという人もいるが、別の墓地を買えばいいだけだろう。いや墓地はこれまでの寺に置いたままで、相談相手として別の寺のお坊さんを選んだっておかしくない。だからお寺もお坊さんも本当は選べるんだよ。

——いまや葬式無用論が声高に語られ、僧侶抜き葬儀も急増している。

そうだ。もう、事情が変わった。葬式法事をしていれば僧侶でいられた時代は終わりつつある。ところが、少なくとも江戸時代以降これまで、日本では生き方を参照する原理として、仏教が機能したことがない。そういう観点から仏教を語る僧侶もいなかった。だから悩める人が仏教を頼らない。

しかし仏教がもともと人の生き方の教えだったことを鑑みれば、いまここで生き方の参照原理なり生の基準としての仏教をもう一度復活させるのが、われわれの大きな使命だと思う。

にもかかわらず日本で起こることは倒錯としかいいようがない。若い世代に仏教を伝えようというと、いきなりイベントやコンサートの企画になる。あるいは仏教をわかりやすく説こうとすると、最近の事件や新聞記事、流行のロック歌手の歌詞を持ちだしてくる。そんなことを若い人が求めているわけではないと私は思う。お寺のなかでファッション・ショーをやったりコンサートをやればいいのか。断じてそうではない。

——では、どうすればいいと？

僧侶たちが自分たちの生きる姿をまわりに見えるようにすべきなのだ。いや、もちろん僧侶の生きる姿が見せるに足るものになることが前提だが。

——現状の姿を見せたとしたら、ますます失望がひろがるだけかもしれないよ。

まったくだ。どうみても、これまでの僧侶のあり方を変えなくてはいけない。そして語り方を変えなければいけない。表面だけをとり繕うのでなく、何が問題なのかを把握し、根本的に変える必要がある。ただ……。

——ただ……?

教団と一般社会のあいだに相互作用が働かないとむずかしい。

——相互作用とはどういうこと? ぼくは何度か和尚の法話を聞いたけど、「うまいものだ」と思ったよ。内容もだが、話術も達者だ。間のとり方、抑揚のつけ方、落語家もかくやというたくみな扇子さばき。聴衆のようすを見ても、笑いながら涙を浮かべている人もいた。この調子でいいんじゃないの。

最近は私が喋るとちゃんと人が聞いてくれるんだ。これは新しい傾向だな。いままでだったら無視され、「あれは仏教ではない」と言われておしまいだったかもしれない。実際、先日も、「今日の話はおもしろくて、まるで落語みたいでしたねえ」

なんて言われて、いい気持ちでいると、

「でも、仏教の話をしなくていいんですか?」

と言われてがっくりきたことがある。一時間半も仏教について喋ったのに。

私は、話は一般の人と共通の問題から出発しなくてはならないと思う。仏教が日常の生活と身近に関わりがあることを知ってもらいたいから。しかし、それではなかなか仏教の話に聞こえない。仏教の説教にはすでに伝統芸ともいうべきパターンがある。それが一概に悪いわけでもないが、そのありがたい教えが、教えを説く本人の問いになっていないんだ。本人にとって必要ないものにすぎない。

人はなぜ霊魂にこだわるのか

――一般の人が仏教について、いや、もっと広く宗教について興味を持っていることといえば、やはり霊魂とかあの世の話だろう。テレビもよく心霊写真やパワースポットの特集をやっている。考えてみれば、和尚は恐山菩提寺院代[6]だよね。日本の霊界の大元締め、斯界の権威といってもよい。しかしその恐山が曹洞宗というのは、ひどく納得しがたいものがあるなあ。

恐山の由来についていえば、天台宗の慈覚大師円仁が開山となっているけれど、これはたぶん伝説にすぎないね。天台修験道か何かが入りこんでいたんだろう。とはいえ江戸時代には完全に荒廃していたのを、曹洞宗円通寺が再興したので、これが認められて、代々、円通寺が本坊として恐山霊場を管理することになったのだ。現在は、恐山霊場(恐山菩提寺)は、円通寺の別院扱いということになっている。

――一般の恐山のイメージとは全然違う。恐山といえば、ふつうイタコの口寄せだよ。

おっしゃるとおり、恐山は曹洞宗の教えからはかけ離れている。ただ、仏教本来の教えからいうと、霊魂の存在は無記、つまり「イエス」とも「ノー」とも返答すべきでない問題。霊魂が実在するかどうかなんて議論してはいけないんだ。

——議論してはいけないといっても、一般の人々があれだけ興味津々で議論しているものを無視してもいいの？

そこだ。もちろん無視はできない。だから結局、「霊魂を語る意味とは何か」に問題が集約されることになる。ある人間がよりよく生きていく上で、霊魂が意味を持つならば、それでいいというしかない。

恐山霊場はあくまでも霊場。修行道場でも何でもない。また歴史的にも、仏教は土俗宗教と混淆している。そういう歴史的・伝統的なあり方を全否定しても意味がないし、する必要もない。霊魂が存在するという根拠は何もない。私もその立場はとらない。しかし、霊魂には明らかに意味があると思う。霊魂の問題を考えたときに、古今東西の人間がこれだけこだわってきたのだ。なぜか？　それを考えたほうがいい。

――そこは和尚の変わらないスタンスだよね。

恐山に来る人を見ているとつくづく考えさせられる。たとえば、大きなリュックサックを背負って、四国の片田舎から毎年やってくるご婦人がいる。リュックサックのなかに詰めこんでいるのは膨大なお菓子と、新調した子どもの衣装。衣装をお寺に収め、お菓子をお供えし、イタコに対面して、涙を流して帰るんだ。毎年毎年リュックを背負ってきては、お供えをして帰っていく。こういう人の切実な思いがなければ、恐山は霊場にならない。

恐山は確かにおどろおどろしい。たちこめる硫黄の匂いと吹きすさぶ風。礫だらけの荒涼たる風景と、不自然なまでに鮮やかなエメラルドグリーンの湖。しかし火山ガスをいうならハワイのキラオケア火山だって凄い自然環境だよ。環境や風景だけでは霊場になったりしない。ここを訪れるおばちゃんたちの思いが充満しているからこそ恐山は霊場なんだ。

恐山の雑木林に手拭いがたくさんかかっている場所がある。なぜかと訊くとね、

「夏は暑いからね。おじいちゃん、おばあちゃんが汗をかいてたらいけないでしょ。これで拭ってもらおうと思って結んでいるの」

それは確かにナンセンスに思われるかもしれない。しかし、こういう思いが凝集して、はじめて霊場になるんだよ。この人たちの心情を無視して、「霊魂は幻想にすぎない」なんて話で

はすまされない。

——そこに死者のリアリティがあるんだものね。

そうなんだ。だから霊魂の裏側には、物凄くデリケートな感情がある。テレビでスピリュアル・カウンセラーと名乗っている男や自称霊能者の方々など霊魂の話をする人は、そのデリケートさをとり払って、一気に話をまとめてしまう。信じるのか信じないのかの二者択一を迫り、その物語を受け入れられない人には話が通じない。これではまずい。そうではなく、霊魂の話をしている人間の、不安や感情の揺らぎのようなものをうまくすくいとる方法を私は考えたい。

実際のところ、恐山の霊場は、宗教としてはどの宗派にも属していない。もちろん管理しているのは曹洞宗寺院だが、誰も恐山が曹洞宗だなんて思っていない。あそこは端的に霊場なんだ。霊魂があるかないか、ではない。イタコが厳然と存在し、亡くなったお父さん、お母さん、あるいは早世した息子や娘にまつわる、行き場のない揺らめきうごめく感情のリアリティが満ちている。恐山は、感情や感性の揺らぎを、揺らいだままに受け入れてくれる場所だ。それが霊場の機能なんだな。

ならば仏陀が霊魂の存在について沈黙したという事実を、こう考えたらどうか。霊のあるなしを無前提に断定するのでなく、目の前の人間との勝負で決めるしかないのだ、と。あの眼前にいるこの人にとって、霊魂は必要なのか。もし私が「霊がある」と言ったら、この人はどう反応するのか。逆に「霊はない」と言ったほうがいいのか。そこまで計算して発言すべきではないか。

――まさに仏陀の「応病与薬」[7]という感じだな。

ところが困ったことに、一対一の対話で言葉を発するという訓練が伝統教団にはないんだよ。伝統仏教と檀家との関係は、これまでお葬式と法事がすべてだった。法話も、故人の親族一同を前にして説教するという枠組みになっている。要は、個人が相手ではなく「家」が相手。その「家」も、たいがいどこも似たり寄ったりだったので、「家」に応じて話の中身を変える必要なんてなかったんだ。

――なるほど。十把ひとからげでは「応病与薬」とはいえないなあ。

ああ。ひとりひとりの症状や病の重さにあわせて薬を調合しなくてはいけない。たとえば、ある人がこう言ったとする。

「受験を心配しながら亡くなったじいちゃんが助けてくれたから、入れるとも思わなかった大学に入れたんだ。じいちゃんありがとう」

こういう人に対して、

「そんなの嘘だよ。霊魂なんてあるわけないんだから」

と言ったたって意味がない。受験にようやく合格した人にとって、じいちゃんの死はものすごく切実だ。

反対に、水子供養をしないと祟りがあるのではないか、と怯えている女性がいるとする。彼女にとっても霊魂は切実な問題だが、この場合、霊魂なんてない、祟りなんてない、と解毒しなければ危険かもしれない。そして、祟りなんかよりはるかに大事なのは、その女性にも相手の男にも、二度と水子をつくらないように覚悟させることだろう。

だから、お坊さんは霊魂の概念にとらわれてしまってはいけない。中立の立場でいなければ、仏教さえまともに説けなくなる。お坊さんが霊魂にからめとられると、霊魂という言説の危険性が増幅され、脅迫の道具になったり、非常に安直な現状肯定の道具になってしまいかねない。

因果律が霊魂を要請する

――しかし霊魂というときには、もうひとつの視角が必要だと思う。それは「因果」や「輪廻」の概念だよ。「因果」概念なくして、霊魂が前世の因縁話になったりはしない。そして「因果」はまさに仏教由来の概念だ。このへんの整理をきちんとつけなくては、仏教と霊魂の絆は断てないし、仏教者も霊魂に対して中立でいることはむずかしい。

近頃とてもおもしろいことをきいた。最近の日本には希望がなくなった、というんだ。かつては「いい学校を出て、いい会社に入ったら、いい人生を送れる」という、明確な人生設計があり、それが戦後日本の「希望」を形成していた。現在ではそんなライフプランは崩壊してしまい、おかげで人々は「希望」を失って、刹那主義と無気力に覆われている、というわけ。山田昌弘氏[(8)]の『パラサイト社会のゆくえ』（ちくま新書）という本にも、そんなことが書いてあった記憶がある。

しかしだな。考えてみれば、そういう意味での希望は、全人類史のなかでも、ほんのわずかな期間、ほんのわずかな地域にしか存在しない。辛うじて近現代のアメリカと西洋諸国、あとは戦後の日本くらいで、そのほかの多くの国の人々には、過去から現代に至るまで、そんな希望はまったくない。

それでは、いったい何が人々の希望を形成していたのか。それは来世に対する希望だろう。来世があるから現世が生きられる。来世に対する希望が、何の希望もない砂を噛むような現世でも何とか人を生かしてきたんだろうな。

それはよくわかる。いまここにいる「私」に付随する不条理や苦悩が痛切なときにこそ、過去世も来世も必要になる。

――自分の人生の範囲では因果律は完結しないし、完結してもらっては困る。非の打ちどころのない義人が、災厄に見舞われ、悲惨な境遇に落ち、苦しみのたうち、悲劇的な死を遂げることがある。冷酷な殺人者が世間の裁きを逃れ、極悪人が巨万の富を築き、何不自由ない一生を送ることもある。それが目の前の現実だ。悪いことなど何もやっていない自分が、なぜこんな災難に遭うのか、こんな病気に罹らなければならないのか――そう問うとき、人は過去世や来世に目を向けざるをえない。世にはびこる悪人どもが来世に落ちる境遇を想像しては胸のつかえを下ろし、みずからの幸福な来世を思うては希望のない今生の苦難を何とかやりすごす。

そこが問題でねえ。仏教は過去に大失敗をしている。差別や障害に苦しむ人たちにむかって、「あんたがそうなった理由は、過去世にたいへんな悪行をやったからだよ」と言い放ってしまった。霊魂にからめとられた仏教は苦しむ人を崖下に突き落とした。そして――こういうと語弊があるかもしれないが――当人も実は、それを信じたい場合があるんだ。現に、それで救われたい人がいる。

――オウムの麻原彰晃もそう言った。そして、多くの信者を獲得した。

でも、過去世に原因があるといってしまえば、不合理で理不尽な差別に遭っている人が、自分の立場を訴え、社会を変えていくことも抑えこんでしまう可能性がある。私も障害者の人に言われたことがある。

「ボクはこの世では失敗しちゃったんだ。過去でまちがいを犯して、この世では失敗しちゃったから、来世に生まれ変わりたいんだ」

私は「そうだ」とは言えない。しかし、この人の気持ちは痛いほどわかった。

――人間の現世は修行の場であって、苦難を得るのは前世の因縁の結果である。だから現状をあまり悪く考えず、来世に幸福な生き方ができるようにしよう——こんな論理で実際に救われる人がいる事実は事実だからな。

おそらく人間は真の不条理には耐えられない。自分の不幸に本当に何の原因もないならば、どうしようもない。そこには絶望しか残らない。しかし過去世に原因があるのなら、少なくとも来世への希望は残される。

——だが、問題はそこだと、和尚は言う。

そのとおり。それがものすごく怖い。私はこういう言い方をすることがある——あなたが過去のまちがいで現世の苦難を得たのかもしれない。でも、あなたは誰かに代わっただけかもしれない。誰かの前世の罪をあなたが代わってあげているのかもしれない。その可能性だってある。私にはわからない。まったくの偶然かもしれない。

こんなのは苦しい言いわけだろう。ただ、その人が何かを言ってほしいと思い、私がそれに応えて語るとき、その全責任を自分が負わなくてはならないことは自覚している。私は、過去の悪業を現在の状態に断定的に結びつけることは絶対にできない。だからといって、目の前で納得したがっている人を突き放すこともできない。

――おのれの現状をあるがままに受け入れろ、などと軽々しく言えるのは、幸福な人なのかもしれないな。それが因果や輪廻でも、神さまや天国でも、求めずにいられない人はいるだろうし。

だからといって、因果で納得していいとも言いたくない。絶望していますぐ死のうとしている人ならば、緊急避難としてやむをえない。しかし、そうでない場合まで、因果で救われていいのか。因果や霊魂で言い切ってはダメなのではないか。「……かもしれない」とまでは言っても、「そうだ」と断定はしない。断定しなければ、質問した人には何か割り切れない部分が残る。宗教者というのは、その割り切れない部分に、感覚として寄り添える想像力があるかないかが勝負ではないだろうか。

たしかに苦しい言い方しかできないさ。しかしこの苦しいところを避けると、宗教者の正直さや誠実さを失ってしまうと思う。「過去の罪のせいだ」とか「誰かに代わって、その結果を引き受けたんだ」と断定してしまったら、まさに麻原彰晃になってしまう。

仏陀は過去の因縁話をしなかった

——仏陀に芥子種の話(9)があるだろう。子どもを亡くした母親が、「生き返らせてくれ」と仏陀に頼みこむ。仏陀は、子どもをよみがえらせてやるから、誰も死人を出したことのない家から芥子種をもらってこいと言う。このとき、まったく過去世の話をしていない。仏陀が因果話を好きなのであれば、過去世の話をしたのではないか。

お経だとむしろ、後世に付加されたとおぼしき部分に、因果話が増えてくるのは興味深いことだ。もちろん因果を説いていても、多くは「いまどうやって生きるべきか」という主題を明確化する手段として使っているし、死んだら天に生まれるという伝説も、在家に対する「方便」として、明らかに意識して使ってはいる。

しかし霊魂を語るとき、その「方便」という考え方も扱いがむずかしい。日本語の「方便」は「嘘も方便」というように、適当に言っているとしかきこえない。それでは、どこまでが「方便」で、どこからが本当の信念なのか。その線引きが明白でなく、論理的に突っこまれたら「いや、これは方便だから」と言って逃げるだけでは情けない。

だから、仏教は霊魂を最終的には解体する。霊魂や三世因果といった考えはわれわれの生を救わない。そう腹を括る必要がある。でないと、どこまでも流されていってしまう。

——ということは、仏教を復興させるのはよいが、霊だの祟りだの前世の因縁だのというかたちで復興するのなら、復興しないほうがいいということだな。

そのとおり。しかし仏陀のいう因果は霊魂なき因果、あるいは、無我の因果なんだ。そこに混乱がある。因果はそもそも現世の法則性に関わるものであって、霊魂の出番はない。因縁話のたぐいは因果概念の濫用、あるいは不当な適用にすぎない。仏陀は因果概念の有効範囲をよくわかっていたと思う。

——ところが、困ったことに、一般人どころか、僧侶のなかにもそこがわからない人が多いんじゃないかな。

たとえばスッタニパータに、こう書いてある。

生れによって〈バラモン〉となるのではない。生れによって〈バラモンならざる者〉となるのでもない。行いによって〈バラモン〉なのである。……

（中村元訳『ブッダのことば』岩波文庫、第三「大いなる章」より）

するとその「行い」には前世・過去世の行いも含まれると言いだす仏教者がいる。しかし、もしその「行い」が過去世も含むなら、「生れ」をどう定義するつもりなのか。この「行い」はあくまでも現世での行いでなければならない。スッタニパータの当該個所の少し前には、

……人間のうちで売買して生活するものがあれば、かれは商人であって、バラモンではないと知れ。

……人間のうちで盗みをして生活する者があれば、かれは盗賊であって、バラモンではないと知れ。

（同前）

とも書いてある。それと同じ意味で「行い」なのだから、いまどういう「行い」をするかが大事に決まっているのに。

――そこは、なるほどだね。

さらに応病与薬のたとえを敷衍するならば、「因果」という薬を調合している人間がラリってはダメなんだ。ところが、薬を調合しながら薬に溺れる坊さんが多すぎる。

――だが、過去世や来世がないと断定はしないだろう。断定する根拠がない。

霊魂や来世があってもなくても構わない。ただ私の実感で言えば、確かにみんな霊魂の話が好きだが、霊魂を本気で信じているのではないと思う。とりあえず話をききたいだけ。偉いお坊さんに「来世はあるんだよ」「いいところに生まれ変われるよ」と言われたら、おばあちゃんは嬉しい。けれども話をきいたあと、ひとりになって居間の卓袱台の前に坐って、あるいは台所の椅子に腰かけてぼうっとしているとき、また死んだあとのことについて考えてしまう。堂々めぐりだろう。

来世があると言われても、ないと言われても、考えることは終わらない。死の不安や老い先の不安はどうしても消えない。そういう人間のありようを確かに受けとめることのほうが、まちがいなく霊魂の話よりも大事なことなんだ。

――どうやら、和尚との話は、ここで一度打ち切ったほうがいいかもね。ぼくも和尚も、結局、生きているあいだは、消えない不安こみでこの世をやりすごす以外になさそうだし。

ふふふ。そのやりすごし方がまた問題だろうが、それはまたの話にしよう。

註

最初の対話

（1）オウム事件　仏教＝ヒンドゥー教系宗教団体・オウム真理教が起こした一連の事件。一九八九年の坂本弁護士一家（三人）殺害事件、死者八人・重軽症者六百人以上を出した九四年の松本サリン事件、死者十三人・重軽傷者六千人以上とされる九五年三月の地下鉄サリン事件のほか、八九年の信者・田島修二殺害事件、九三年の創価学会・池田大作名誉会長襲撃未遂事件、九四年の薬剤師殺害事件、VXガスによる会社員殺害事件、滝本弁護士襲撃事件、九五年の被害者の会会長襲撃事件、公証人役場事務長拉致監禁致死事件など、凶悪事件だけでもおびただしい数にのぼる。そのほか教団は、信者の出家や財産の布施、土地の取得や建物の建設をめぐって、信者の家族や地元住民らとのあいだに多くのトラブルを起こしており、麻薬や兵器の密造も行っていた。一方で、教団幹部に、いわゆる一流大学を出た理系エリートが多いことも注目を集め、オウムをフィールドワークしようと潜入した人類学専攻の東大の大学院生が思想にかぶれてシンパになったりもした。宗教学者たちが麻原と対談して肯定的な意見を述べるなど、事件発覚前は宗教としての評価もそれなりに高く、発覚後、宗教学者たちがバッシングされる現象も起きた（大田俊寛『オウム真理教の精神史』春秋社などを参照）。

（2）**麻原彰晃**　一九五五―二〇一八。オウム真理教の教祖。本名・松本智津夫。熊本県八代市生まれ。生まれつき左目がほとんど見えず、貧困もあって、市立の小学校から盲学校に転校。熊本大学医学部をめざすが失敗。盲学校卒業後は上京して東大法学部をめざすがこれも失敗。予備校で知りあった妻と鍼灸院・漢方薬局を開業し繁盛したが、薬事法違反で罰金刑を受ける。そのあいだも阿含宗、超越瞑想、ヨガ道場などを転々とし、ニューエイジ、オカルト、仙術、超古代史などの本を読み耽った。一九八三年、ヨガや東洋思想をベースにした能力開発のための塾「鳳凰慶林館」を開設、八四年にはヨガ道場として「オウムの会」と改称。八五年には空中浮揚に成功したとして、オカルト雑誌に営業をかけ、ライターとしても活動。八六年に処女作『超能力「秘密の開発法」』（大和出版）を発表、団体を「オウム神仙の会」と改称し、さらにヒマラヤで最終解脱したと主張。八七年に団体を「オウム真理教」に改称後、階級制度やホーリーネーム制を導入するなど教団の中央集権化を進め、九〇年の総選挙で惨敗して以降は終末論にもいっそう傾斜し、世間との対決姿勢を強め、幹部らとともに国家転覆を夢想し計画した。一九九五年五月十六日、地下鉄サリン事件の共謀共同正犯として逮捕、最終的には十三の事件について起訴され、第一審は死刑、第二審は、期限までに弁護側から控訴趣意書が提出されないという手続き上の理由で控訴棄却となり、最高裁への特別抗告も棄却されたため死刑判決が確定、二〇一八年に執行され死亡した。

（3）**阿部謹也**　一九三五―二〇〇六。一橋大学社会学部教授を長く務める。中世ドイツを専門とする歴史学者だが、「個人」を抑圧する「世間」を日本の特徴として日本社会を批判的に論じた。著書に『「世間」とは何か』（講談社現代新書）など。

（4）**道元**　一二〇〇―五三。京の公家・久我家に生まれる。幼くして両親と死別。十三歳で比叡山に入り翌年出家、天台教学を学んだが、「衆生は本来仏なのに、なぜ修行しなければならないのか」という疑問をいだき、園城寺の公胤に相談、その勧めで建仁寺へ赴き、栄西の弟子・明全に禅を学ぶ。一二二三年、宋に渡り、幾人かの師のもとで修行したのち、天童山の如浄のもとで身心脱落し、一二二七年に帰国。建仁寺、深草安養院を経て、一二三三年に興聖寺をひらき、『正法眼蔵』の前半を執筆。一二四六年、越前に移って永平寺をひらく。一二五三年、健康を害し、治療のため京都に戻ったが、同年九月に遷化した。著書に『正法眼蔵』『永平広録』『普勧坐禅儀』など。

（5）**齋藤孝**　一九六〇–。教育学者。明治大学教授。著書は『身体感覚を取り戻す』（NHKブックス）、『読書力』（岩波新書）など多数。とりわけ『声に出して読みたい日本語』（草思社）は大ベストセラーになった。呼吸法や体操、大声で朗読しながらの暗記、ジェスチャーを交えての朗読、三食ボールペンで色分けしながらの読書などを組みあわせ、頭と体を同時に使うその教育法は「齋藤メソッド」と呼ばれる。情報番組の講師やコメンテーターなどテレビ出演も多い。

（6）**丸山眞男**　一九一四–九六。政治学者・思想史家。東大法学部教授を長く務めた。マックス・ウェーバーの影響を受け、皇国史観にもマルクス主義にもよらない社会科学的な立場で、日本思想や日本政治の研究を行った。近代主義者を自認。戦後民主主義あるいは進歩的文化人の代表と見なされることもある。著書に『現代政治の思想と行動』（未來社）、『「文明論之概略」を読む』『日本の思想』（岩波新書）など多数。

（7）**見田宗介**　一九三七–二〇二二。社会学者。共立女子大学教授、東京大学名誉教授。真木悠介というペンネームも持つ。著書に『現代社会の存立構造』（筑摩書房）、『時間の比較社会学』（岩波現代文庫）、『現代社会の理論』（岩波新書）など多数。

（8）**間人主義**　社会学者の浜口恵俊（一九三一–二〇〇八）が著書『間人主義の社会 日本』（東洋経済新報社）で提起した概念で、自己主張を控え、人との調和を重んじる日本人の傾向を、個人を第一とする個人主義でもなく、全体を第一とする集団主義でもなく、対人関係（間）を第一とし、そこから自分のあり方を決めるという意味で「間人主義」と名づけた。

（9）**文脈主義**　ここでは「正誤や善悪は状況（文脈）によって変化する」という考え方。

（10）**西田幾多郎**　一八七〇－一九四五。哲学者。京都帝国大学教授を長く務めた。禅思想を背景とした独特の哲学で知られ、主体と客体の二元論を批判した「純粋経験」論や「場の論理」、とりわけ西田の代名詞ともいえる「絶対矛盾的自己同一」は有名。ただし一九四三年に「世界新秩序の原理」という大東亜戦争を聖戦とする文章を書いていたことなどで、戦後、戦争協力者として批判されることになった。著書に『善の研究』（岩波文庫）など。

（11）**鈴木大拙**　一八七〇－一九六六。仏教学者。本名、貞太郎。鎌倉円覚寺で参禅し、「大拙」の居士号を受く。禅関係の書籍を多く英語で発表し、禅および日本の仏教文化を海外に紹介した。金剛般若経に想を得て発展させた「即非の論理」は有名。著書に『日本的霊性』（岩波文庫）、『禅と日本文化』正・続（岩波新書）など多数。B・A・ヴィクトリア『禅と戦争』（邦訳、光文社）では、澤木興道、釈宗演らとともに戦争協力者として糾弾されている。

（12）**和辻哲郎**　一八八九－一九六〇。哲学者・倫理学者。西洋哲学と日本思想を総合的に研究し、著書は『ニイチェ研究』（筑摩書房）、『倫理学』『古寺巡礼』（岩波書店）など多様かつ多数。仏教研究でも重要な業績を残し、『原始仏教の実践哲学』（岩波書店）では無我説を根拠に輪廻思想を批判、また『日本精神史研究』（岩波文庫）収録の「沙門道元」で道元研究に先鞭をつけた。一方で『風土』（岩波書店）は、気候風土による文化・思想の決定論であり、現状肯定論に堕しているともいわれる。東條英機の悪名高い「戦陣訓」に島崎藤村らとともに執筆協力したこともあって、戦争協力者として批判されることもある。

(13)**清沢満之**　一八六三―一九〇三。浄土真宗大谷派の僧侶。東京帝国大学哲学科卒。真宗大学初代学長。肺結核に罹患して宗教的回心を体験、西洋哲学の方法を用いながら、絶対他力への信頼を基盤として、環境に左右されない主体を確立し、安心を得る宗教思想を探究、真宗教学の近代化に貢献した。その立場は「精神主義」と呼ばれる。著書に『宗教哲学骸骨』『他力門哲学』など。その宗教思想は社会への関心が薄く、現状肯定論と批判されることもある。

(14)**暁烏敏**　一八七七―一九五四。浄土真宗大谷派の僧侶。清沢満之に師事。『歎異抄』に傾倒し、異安心との批判や数々のスキャンダルにも負けず、法話と著作が絶大な人気を博した。著書に『歎異抄講話』など。満州事変ののち個人主義・資本主義への批判を強め、日本精神を称揚し、天皇制を賛美し、積極的な戦争肯定論をとったとして批判される。

(15)**田中智学**　一八六一―一九三九。十歳のとき日蓮宗で出家するも十八歳で還俗。一八八〇年に在家の仏教団体・蓮華会を創設、一九一四年に国柱会を結成、国家主義的な色彩の強い「純粋日蓮主義」を唱え、法華経を日本の国教とし、さらに世界を統一して法華経で教化することを目標とした。「八紘一宇」は田中の造語である。国柱会の信者であった満州国建設の大立て者・石原莞爾や宮沢賢治に大きな影響を与えた。

(16)**田辺元**　一八八五―一九六二。東京帝国大学在学中、数学科から哲学科に転じる。のちに西田幾多郎に招聘され、その後継者として京都帝国大学教授を務めた。著書に『種の論理の弁証法』『数理の歴史主義展開』『懺悔道としての哲学』など。西田の「行為的直観」のような、一挙に直接与えられる絶対的な認識に疑問をいだき、すべては相対的な関係性のなかで制約しあい変化していくという弁証法的な考えから「絶対媒介」や「種の論理」を唱えた。しかしその「種の論理」が、個人と国家の対立が弁証法的に止揚され、両者が一致団結して邁進すると解釈されたとき、国家主義的な色彩を帯びると批判される。

(17)**サーンキヤ学派**　インド六派哲学のひとつ。真我（プルシャ、自己、精神原理）と原質（プラクリティ、第一原因、物質原理）による二元論をとる。原質は純質（サットヴァ）・激質（ラジャス）・翳質（タマス）の三要素（三グナ、三徳）からなり、真我が原質に関心をいだいて観照することで激質が活動して三要素のバランスが崩れると、原質から、根源的思惟、自我、感覚器官と、精神的なものから物質的なものへ順に創出され世界が形成される。真我そのものは永遠不変であるが、真我が原質を観照しているかぎり輪廻をくりかえすため、修行によって真我を原質から分離すれば解脱できる。それを可能にするのは、ヨーガによってもたらされる内的な知であるという。オウムはサーンキヤの用語を使って教義の一部を組み立てているが、その教義がサーンキヤの哲学と一致しているわけではない。

(18)**ヨーガ学派**　インド六派哲学のひとつ。ヨーガの起源は古いが、学派として理論化されたのは紀元五世紀頃で、『ヨーガ・スートラ』を根本聖典とする。サーンキヤ学派の兄弟学派といわれ、その哲学はサーンキヤ学派とほぼ同じだが、最高神を認める点が異なる。ヨーガの実修によって内的な智慧を得て、真我と原質を分離すれば解脱できるとする点も同様である。

(19)**竹内文書**　武内宿禰の子孫とされる竹内家に伝わるものとして公開された一連の古文書。「神代文字」という漢字伝来以前の古代文字（と主張される）で書かれた文書と、その文書を武内宿禰の孫・平群真鳥が訳したという漢字・仮名交じり文の写本などが含まれ、神武天皇以前の皇統、ゴルゴダで死なず日本で死んだというイエス・キリストの遺言、古代の天皇はＵＦＯで各地を巡行したなど、荒唐無稽とも思われる内容が多く書かれており、超古代史で最も有名な文献である。雑誌記事のため麻原彰晃が弟子と探しに行った超古代金属ヒヒイロカネもこの文書に記されている。多くの歴史家は偽書と考えている。

(20)**桐山靖雄**　一九二一–二〇一六。阿含宗管長。戦後、兄弟でヤミ屋を営んでいたが、一九四八年に皇大治教の布教所を開設。五四年に、観音慈恵会をひらく。酒税法違反や私文書偽造で有罪判決が確定し、約一年間服役。出所後、真言宗金剛院派で出家。七一年に処女作『変身の原理』（文一出版）を出版、翌年に平河出版社を設立、第二作『密教――超能力の秘密』を刊行。七八年に観音慈恵会を阿含宗と改称。当初は、クンダリニー・ヨーガや密教修行による超能力の開発を強調していたが、八〇年代以降、祖先崇拝を強調するようになったといわれる。著書に『これで霊障が解ける――正しい先祖供養の仕方』『幸福への原理』など多数。

(21)**パーリ語経典**　東南アジアを中心に伝わるテーラワーダ仏教の聖典。律（戒律）・経（ブッダの教え）・論（経の注釈や解説）の三蔵からなる。漢訳では阿含経や四分律・五分律などに相当し、内容はいわゆる小乗仏教である。パーリ語は古代インドの俗語で、「パーリ」とは「聖典」の意。テーラワーダではブッダが喋った言語そのものと伝わるが、学界では一般に否定されている。ブッダの時代近くにまで遡る古い教えを含むと同時に、阿含経との比較研究などから、成立が相当後代に下るものもあると考えられている。

(22)**高橋英利**　一九六七―。信州大学中退。元オウム信者。著書に『オウムからの帰還』（草思社）。

(23)**天台本覚思想**　一切衆生に仏の本質（仏性）ありとする仏性説や如来蔵説を発展させ、絶対的な真理を本源としているのに、どうして煩悩や生死など否定的な現象が可能になるのか論理を突きつめたはてに、「水常住なれば、波も常住なり」（『三十四箇事書』「正了縁三院の事」）と、絶対の真理と仮の現象の区別さえも放棄し、現実の森羅万象すなわち絶対の真理そのものであるから、迷いも生死も煩悩も、すべて丸ごと肯定すべし、と結論したきわめて現実肯定的な思想。平安中期から口伝のかたちで発展し、江戸前期に終熄したとされる（『天台本覚論』日本思想大系9、岩波書店を参照）。

(24)**西有穆山**　一八二一―一九一〇。幕末から明治初期の曹洞宗の僧。八戸出身で、のちに総持寺貫首、曹洞宗管長を務める。著書に『正法眼蔵』の提唱録である『正法眼蔵啓迪』がある。

（25）**増谷文雄**　一九〇二–八七。仏教学者。東京帝国大学で宗教学を学び、のち東京外国語大学教授。原始仏教を研究し紹介するとともに、道元の『正法眼蔵』や親鸞の『歎異抄』の訳註や解説本、一般向けの仏教入門書も著して、広く仏教を弘めた。一九五二年に、渡辺照宏らと在家仏教会（現・在家仏教協会）を設立している。著書に『アーガマ資料による仏伝の研究』（在家仏教協会）、『阿含経典』全六巻（筑摩書房）、『正法眼蔵』全八巻（講談社学術文庫）、『歎異抄』（ちくま学芸文庫）など多数。

（26）**天台智顗**　五三八–九七。中国の南北朝から隋の時代の僧。天台宗の開祖（伝承上は第三祖）。十八歳で出家、二十三歳のとき法華三昧を修行して得悟。金陵（南京）で教えを説いていたが、三十八歳のとき天台山にこもって仏教思想を整理し、理論と実践を統合して、天台教学の体系を構築した。著書に『法華玄義』『摩訶止観』『天台小止観』など。

（27）**五時の教判**　中国には、成立時期も違い、ときには内容が矛盾すらする雑多でおびただしい経典が、ブッダ一代の教えとして伝えられたため、それらがどういう関係にあり、どれが最高の教えか判定する必要に迫られた。その要請を、教えを説いたブッダの生涯の時期、場所、説法相手の違いによって説明しようとするのが、教相判釈（教判）である。さまざまな教判がなされたが、最も有名なものが天台智顗の「五時の教判」で、ブッダの生涯を、華厳時、阿含時、方等時、般若時、法華涅槃時の五つの時期に分け、ブッダはまず華厳経を説いたが、むずかしくて誰も理解できなかったので、わかりやすい阿含経を説き、弟子や聴衆のレベルがあがると少しむずかしい方等経（大乗経、特に阿弥陀経、維摩経、勝鬘経など）、次にまたレベルをあげて般若経を説き、最後に、最高の教えである法華経（入滅時には涅槃経）を説いた、と考える。

(28)**幸福の科学**　一九八六年、オウム真理教とほぼ同時期に誕生した宗教団体。教祖の大川隆法（一九五六―二〇二三）が、チャネリングによって、霊界にいるイエスや天照大神などの聖者や神、空海やリンカーンや坂本龍馬などの宗教者や偉人と交信し、その言葉を霊言集として出版している。この世界は霊界も含めて何次元もの階層構造で、最上層に人々を救いに導く光の大指導霊がおり、そのなかでも最高の大指導霊エル・カンターレは、過去にブッダやヘルメスとして地上に降臨し、現在は教祖・大川隆法として地上に再臨していたとする。一時オウム真理教とライバル関係にあり、テレビ朝日の番組「朝まで生テレビ」（一九九一年）では、両者のあいだで激論が交わされた。

(29)**親鸞会**　浄土真宗親鸞会。浄土真宗系の新宗教で、一九五八年、真宗本願寺派の僧侶だった高森顕徹（一九二九―）が一九五二年に徹信会として設立、五八年に改称。教義をめぐって浄土真宗本願寺派に批判され、議論を闘わせているほか、正体を隠した勧誘や布施をめぐってトラブルが多発している。

(30)**顕彰会**　冨士大石寺顕彰会。一九五八年に、浅井甚兵衛・昭衛親子を中心に設立された日蓮正宗法華講・妙信講が前身。創価学会と対立して宗門から解散処分を受け、さらに創価学会襲撃事件で甚兵衛・昭衛親子や幹部、実行犯の会員などが信徒除名となる。のちに創価学会と和解。八二年、日蓮正宗顕彰会と改称、九六年に冨士大石寺顕彰会と改称。『立正安国論』や『開目抄』など日蓮の著作、いわゆる「日蓮大聖人御書」を奉り、純粋な日蓮聖人の教えを実現すべく、国立戒壇を建立し、日本国民全員の教化（折伏）をめざす。強引な勧誘や脱会しようとした会員への暴力などが刑事事件となったことがある。

第2の対話

(1)**永劫回帰**　一八八一年八月、ドイツの哲学者ニーチェ（一八四四―一九〇〇）が湖のほとりの森のなかを散策していたとき、突然、閃光のように訪れた思想。輪廻思想のように死後に別の生がはじまるのではなく、死ぬとふたたび誕生の瞬間に立ち戻り、何から何まで一分の違いもない完璧に同一の生を（無限に）くりかえす、というもので、おそらく生の一回性・一元性を極限にまで推し進めた一種の思考実験のような着想であり、このような生のあり方をなお肯定し愛せるかどうかが問われる。

（2）**ハイデガー**　一八八九―一九七六。ドイツの哲学者。実存主義や解釈学の先駆者とも見なされ、デリダなどポストモダンの哲学者たちにも大きな影響を与えた。二十世紀最大の哲学者と呼ばれることもある。フッサールに現象学を学んだのち、存在そのものの意味を問う現象学的存在論を構想するも、主著の『存在と時間』（邦訳、岩波文庫）は、現存在（人間）の分析（実存分析）を行う上巻のみで未完に終わった。ナチスに積極的に荷担したことで批判される。著書に『現象学の根本問題』（邦訳、作品社）『形而上学とは何か』（邦訳、ちくま学芸文庫）など多数。

（3）**死に対する先駆的決意性**　ハイデガーが『存在と時間』で提示した思想。ごく大雑把にいえば、正体のわからない、しかしいつか突然、不条理に訪れることだけは確実な「死」から目をそらすのではなく、死の不安を見据え、みずからの非本来的な生き方に気づき、本来的な生をめざして生きうる可能性を自覚して引き受けること。

（4）**ナーガールジュナ**　漢訳名、龍樹。二―三世紀のインドの仏教哲学者。きわめて論理的な言語分析を行い、われわれの言語使用が突きつめれば矛盾に逢着することを示すことで、「空」の思想を確立、以後の大乗仏教のほとんどすべてに決定的な影響を与えた。そのため「八宗の祖」とも称せられる。著作に『中論』『廻諍論』『空七十論』『宝行王正論』など。

（5）**唯識**　すべての現象は心（識）によって生みだされているとする仏教思想。四世紀に、マイトレーヤ（弥勒）、およびアサンガ（無着）・ヴァスバンドゥ（世親）兄弟によって理論化された。眼識・耳識・鼻識・舌識・身識という知覚を認識する五つの心（識）と意識に加え、無意識にあたるものとして、すべての現象によって与えられた印象（種子）を貯え、それをふたたび現象として顕現させる働きをするアラヤ識（蔵識）と、意識下でアラヤ識を「自己」だとして執着するマナ識の八つの識を説く。自己への執着（煩悩障）と、現象を外界の実在であると勘違いして起きる執着（所知障）を修行によって除去することで解脱するという。

（6）**ウィトゲンシュタイン**　一八八九―一九五一。ウィーン出身の哲学者。ケンブリッジ大学のバートランド・ラッセルのもとで哲学を学ぶ。第一次世界大戦では志願兵となり、戦闘のあいまを縫って書きあげたのが前期の代表作『論理哲学論考』である。世界を事態の総体とし、命題を構成する基礎単位である要素命題が事態と一対一に対応するという「写像理論」を主張。世界内部に対応するものを持たない神や死や生の問題や倫理や形而上学を、無意味であり「語りえないもの」とした（が、「語りえないもの」こそ彼の本当の関心だったともいわれる）。一方、後期の代表作『哲学探究』では、前期の「写像理論」を放棄、言葉の意味はその使用であるとし、「言語ゲーム」という概念を用いて、規則の適用や意図の問題を中心に考究した。「言語ゲーム」の概念は、宗教や社会の分析にもよく応用される。

（7）**原罪**　人類の祖アダムとイヴが神の命令に背いて智慧の実を食べたことで、楽園を追放され、子孫である人類全体も苦役と死を運命づけられたこと（創世記第3章）。この罪により神の似姿であるはずの人間の理性は曇り、悪への傾向性を持ち、自由意志もただ悪をなす自由にすぎなくなったともいわれる。いわばキリスト教における悪の説明原理である。キリストはみずからを犠牲にしてこの罪を贖い、人類を堕落の状態から救い、死の定めから解放した。

（8）**鎌田東二**　一九五一－。宗教学者。京都大学こころの未来研究センター教授。神道をベースにスピリチュアリズムや呪術、民間伝承など幅広く研究。神道ソングライターを名乗って作曲・演奏活動もしている。著書に『平田篤胤と神界フィールドワーク』（作品社）、『宗教と霊性』（角川選書）など多数。

（9）**シモーヌ・ヴェイユ**　一九〇九－四三。ユダヤ系フランス人の哲学者。リセの哲学教師をしながら労働者の境遇を分かちあうため八か月工場勤務。一九三六年のスペイン内戦では人民戦線派義勇軍に参加。四〇年、フランスがナチス・ドイツに敗れたためフランスを脱出し、四二年にアメリカへ渡航、同年末イギリスに入る。四三年、ド・ゴール将軍率いる自由フランスに参加、しかし栄養失調や結核のため体調を崩し、八月に逝去した。人間がどこまでも堕ちていく重力のような傾向性から逃れるには恩寵によるしかなく、恩寵を招き入れるには自己否定によっておのれを真空にしなくてはならない。それは畢竟、利他であり、代償を求めない愛であり、死をも含め、世界のそのままを受け入れることであるという。死後に出版された著書に『重力と恩寵』『神を待ちのぞむ』（邦訳、春秋社）など。

第3の対話

（1）**パスカル**　一六二三－六二。フランスの思想家。哲学、力学、数学をはじめ幅広い才能を発揮、確率論の祖と見なされ、計算機を発明してもいる。宗教哲学への貢献も大きく、『プロヴァンシアル』では神の恩寵と自由意志の一致を説き、さらに理性の領域と信仰の領域をわけて相互の干渉を批判。死後草稿を友人たちが編集した『パンセ』では、人間の卑小さや限界を強調しつつも、有名な「人間は考える葦である」を含む一節で人間の高貴さを説き、「パスカルの賭け」で信仰の必然性を主張している。

（2）**ヴァッカリやゴーディカの逸話**　ヴァッカリの話は、雑阿含経第四七巻やパーリ経典相応部二二・八七

「ヴァッカリ」にある。病に伏したヴァッカリが、苦痛があまりにひどくて耐えられず刀で自殺する。ブッダもそれを諒としている。ゴーディカの話は、パーリ経典相応部四・三・三「ゴーディカ」などにあり、六度まで精神統一によって解脱に達したが、そのたびにその境地から後退したゴーディカが、七度目に解脱に達したとき、刀を手にして自殺する。それをブッダは「完全なニルヴァーナに入ったのだ」と評している（『仏弟子の生涯』中村元選集［決定版］第一三巻、春秋社、四一二―八頁参照）。

（3）**アーナンダにも……自殺したという伝説**　『高僧法顕伝』や『大唐西域記』第七巻に出てくる話で、年老いたアーナンダがマガダ国からヴェーサーリーに向かっていて、ちょうど河を渡ろうとしたとき、アーナンダのような高僧を失うのを嫌がった阿闍世王が兵士とともに追いかけてき、またヴェーサーリーのリッチャヴィ族も大勢で迎えにきた。どちらに行っても片方からは恨みを買うと考えたアーナンダは、河の中央で火光三昧に入り、体を焼いて死んだ、という（同前、五二一―五頁参照）。

（4）**即身成仏**　「即身成仏」は本来、現世のこの体において悟りをひらいて仏となることで、主に真言宗で説かれるが、これが転じて、修行者が厳しい食事制限をして脂肪や水分を落とし、最後は断食断水して土中で経を読み瞑想しながら、そのまま絶命してミイラと化すことも「即身成仏」と呼ばれる（ミイラ化した遺体は「即身仏」という）。ここでは後者のこと。

（5）**語り得ぬものについては、沈黙しなければならぬ**　ウィトゲンシュタインの『論理哲学論考』の掉尾を飾るあまりにも有名なことば（命題7）。

（6）**ディレンマやテトラレンマ**　ディレンマは両刀論法とも呼ばれ、相反するふたつの選択肢のどちらも否定して矛盾を招来させる論法。ナーガールジュナの場合、命題を「A」とすると、「Aでもなく、非Aでもない」という形式になる。『中論』第二十章十九の「原因と結果が同一であるということは、決してありえない。原因と結果とが別異であるということも、決してありえない」（中村元『龍樹』講談社学術文庫より引用）などが典型的である。テトラレンマは四句否定とも呼ばれ、四つの選択肢のいずれも否定する論法。ナーガールジュナの場合、「Aでもなく、非Aでもなく、Aかつ非Aでもなく、Aでなくかつ非Aでないのでもない」といったかたちになる。

（7）**突然に十二支縁起が出てくる**　『中論』は全二十七章からなるが、第二十六章で突然十二支縁起が出てくる。しかも、それまで説いていた相互依存関係を表す縁起ではなく、部派仏教的な時間的な生起関係であることが明白である。

（8）**『正法眼蔵』の七十五巻本と十二巻本**　『正法眼蔵』の写本には、七十五巻本、十二巻本、六十巻本、八十巻本などいくつもの系統があるが、ほかのものは後代の編集であるのに対し、七十五巻本と十二巻本は道元禅師みずからの撰述であり、特に十二巻本は最晩年の成立であることが明らかなため、両者の関係が問題となり、十二巻本が決定版で七十五巻本は草稿ないし試行錯誤の段階であるのか、それとも両者は別々の価値あるいは意図を持ったものなのか、などについてさまざまな説がある。

（9）**連縛縁起**　『倶舎論』などに紹介されている十二支縁起の解釈のひとつで、十二の項目が、日常の心の働きの流れとして連続して起こるとする解釈。これに対し「刹那縁起」では、一刹那のうちに十二の項目が同時に存在すると解釈する。「遠続縁起」は、遥かな過去から遥かな未来まで、各項目がおのおののあいだに時間的間隔をおいて生起すると考える。「分位縁起」は「三世両重の因果」とも呼ばれ、その解釈は本文のとおり。

（10）**宇井伯寿**　一八八二―一九六三。インド哲学・仏教学者。東京帝国大学教授、駒澤大学学長を歴任。文化勲章受章。日本における近代仏教学の創始者のひとり。縁起を論理的な相互依存関係と解した。著書に

『印度哲学研究』『印度哲学史』『陳那著作の研究』（岩波書店）など多数。

(11)**木村泰賢**　一八八一―一九三〇。インド哲学・仏教学者。東京帝国大学教授。日本近代仏教学の創始者のひとり。輪廻を肯定し、縁起を無明を根源とする生命活動の姿としてとらえた。縁起の解釈をめぐる宇井伯寿・和辻哲郎との論争は木村の早世により自然消滅した。著書に『木村泰賢全集』（大法輪閣）など。

(12)**三科**　五蘊・十二処・十八界の総称。五蘊とは色（肉体・物質）・受（感受作用）・想（表象作用）・行（意志）・識（認識作用・心）で、本来は人間の認識プロセスを分析したものだが、「あらゆるもの」の意味でも使われる。十二処は、六根（眼・耳・鼻・舌・身・意）と六境（色・声・香・味・触・法）を合わせたもので、六つの感覚器官と、感覚器官の対象。十八界は、十二処に六識（眼識・耳識・鼻識・舌識・身識・意識＝六つの感覚をそれぞれ認識する作用）を合わせたもの。それらを合わせた三科は、世界を構成する一切法を意味する。

(13)**ヤージュニャヴァルキヤ**　紀元前七世紀のインドの哲学者。その思想は『ブリハッドアーラニヤカ・ウパニシャッド』などで知られる。欲望や執着によって輪廻が起きるゆえに、それらを滅することで解脱すると説いた最初の思想家とされる。また自己を身体や心とは別の、認識不可能なものと位置づけ、「〜ではない」というかたちでしか言及できないとした（宮元啓一『インド最古の二大哲人』春秋社を参照）。

(14)**エゴイズム的自殺**　自己本位的自殺とも。フランスの社会学者デュルケム（一八五八―一九一七）がその主著『自殺論』において提示している自殺の四類型のひとつで、社会や共同体内部の繋がりが弱く、個々人が生きる価値や意味や実感を見いだせずに起きる自殺。

(15)**語り得ないものは示されるのみ……**　ウィトゲンシュタインが『論理哲学論考』で「言い表しえぬものは存在する。それは示される。それは神秘である」（命題六・五二二）と述べているのを踏まえたことば

（『論理哲学論考』岩波文庫を参照）。

(16)**荊渓湛然**　七一一-八二。唐の時代の学僧で、天台宗第六祖。天台大師智顗の著作の多くを注釈した。著作に『法華玄義釈籤』『止観大意』など。

(17)**荷沢神会**　六八四-七五八（別の説では六七〇-七六二）。唐の時代の禅僧。当初、禅の北宗の六祖・神秀の弟子だったが、のちに南宗の六祖・慧能（六三八-七一三）の弟子となって、北宗を激しく批判、慧能の系統こそ禅の正統と強く主張した。没後は禅風が衰え、著作も散逸してしまったが、近年、敦煌で多くの写本が発見され、注目を浴びている。

(18)**『六祖壇経』**　南宗の六祖・慧能の語録。おのれの心の清浄な本性に気づくこと（見性）で、段階を経ず一気に仏の悟りを得る（頓悟）と主張する。ただし偽書ともいわれ、本来の語録がのちに編集・改竄されたものともいわれる。

(19)**新プラトン主義**　プラトン哲学がさまざまに解釈され発展していった思想のひとつで、創始者はプロティノス（二〇七-七〇）、ないし、その師匠のアンモニオス（一七五？-二四二？）。世界は、語ることも指示することもできない超越的な至高神「一者（ト・ヘン）」から、その似姿である「知性（＝イデア）」、さらにその似姿である「魂（＝人間）」と、精神的・生命的なものから物質的なものへ段階を追って流出したとする。しかし「魂」は内部になお「一者」の像をとどめているため、みずからをふりかえり回心することで、流出の逆の段階をたどって帰還し、至高神である「一者」と合一することができるという。

(20)**シャンカラ**　八世紀インドの哲学者。ヴェーダーンタ哲学本来の流出説――この世界のすべては一なる宇宙の根本原理ブラフマンから流出したという説――を改変し、世界のあらゆる現象は無明ゆえの幻影であって実在するものでなく、真に実在するのは不変のブラフマン（それは同時に、絶対的な認識主体としての自己でもある）のみとする不二一元論を主張した。

（21）**言うのをやめようと思ったという逸話**　ブッダが悟りをひらいたとき、真理は難解かつ微妙であり、貪りと憎しみにとりつかれた人々が理解することはむずかしいので、教えを説いても徒労だから何もすまいと思ったという。最高神・梵天（ブラフマン）がブッダを説得し、ブッダも人の資質はさまざまだから、真理を理解できる者もいるかもしれないと考えなおして、説法を決意する。パーリ経典の相応部六・一・一や漢訳の四分律ほか多くの文献に記録されている。

第4の対話

（1）**葬式はいらない**　二〇一〇年、宗教学者の島田裕巳が『葬式は、要らない』（幻冬舎新書）という本を出版してベストセラーになった。この本は、諸外国と比較した日本の葬儀費用の高額さ、その理由としての檀家制度や戒名などに触れ、自分で戒名をつけたり葬儀社や寺院に頼らない偲ぶ会などを提案している。したがってその主張は、葬式不要論というより葬式仏教不要論に近い。しかし近年は、死亡したのち通夜も告別式もせず、すぐ火葬する「直葬」の割合が増加し、全体の二〇％に迫っているという報道もある。費用も直葬は一〇～三〇万円程度で、葬儀費用の全国平均・約二三六万円（日本消費者協会の二〇〇三年調査）と比べると遥かに安い。

（2）**仏教はインドではイスラムに敗れて滅び**　インド仏教は一二〇三年、ベンガル地方にあったヴィクラマシラー寺院が、偶像崇拝を否定するイスラム軍によって徹底的に破壊され、多くの僧侶たちが虐殺されたことをもって終焉したとされる。

（3）**聞声悟道、見色明心**　「音（声）を聞いて仏道を悟り、物（色）を見て心の本性を自覚する」の意味で、

『碧巌録』第八十二則「雲門声色」に出てくる雲門（文偃。八六四－九四九）の言葉。道元も「弁道話」で次のように述べている。「しめしていはく、古今に見色明心し、聞声悟道せし当人、ともに弁道に擬議量なく、直下に第二人なきことお《を》しるべし」（『道元 上』日本思想大系12、岩波書店より引用）。

（4）**有余涅槃**　悟りをひらき煩悩を滅したが、いまだ肉体が残っており、生理的な欲求や苦痛は存在する状態。

（5）**無余涅槃**　悟りをひらき煩悩を滅したのち、死を迎え、肉体も滅して、すべてが無に返った状態。

第5の対話

（1）**橋爪大三郎**　一九四八－。社会学者。東京工業大学教授。言語を中心に社会現象を分析。著書に『言語ゲームと社会理論』『仏教の言説戦略』（勁草書房）、『言語派社会学の原理』（洋泉社）、『言語／性／権力』（春秋社）など多数。

（2）**テーラワーダ**　「長老の教え」の意味で、南方上座部仏教とも呼ばれ、タイ、ミャンマー（ビルマ）、スリランカなど東南アジアを中心に伝わる仏教。仏教はブッダ没後一〇〇年に、戒律をめぐって守旧派の上座部と改革派の大衆部のふたつに分裂し（根本分裂）、さらにそれぞれが細かく分裂した（枝末分裂）とされる。現在テーラワーダといわれているのは、上座部の分派のひとつである分別説部の流れを汲む紅衣部（ターンラシャーティヤ）のことである。いわゆる小乗仏教であり、古代インドの俗語であるパーリ語で書かれた三蔵（律・経・論）を保持する。礼拝する仏は釈迦仏のみ。出家者は戒を守り、経典を学習し、瞑想を修行して、執着をなくし煩悩を滅することをめざす。

（3）**ヴィパッサナー**　「よく見る」「観察する」（観）の意味で、テーラワーダの瞑想法。流派によって違いはあるが、基本は、平静を保ちつつ、心と体に起きては消えるあらゆる感覚に気づき、好き嫌いの反応をせず、淡々とあるがままに観察することである。

（4）**スーフィズム**　八世紀末に生まれたイスラム神秘主義。形式的・外面的な法律と化し、世俗化するイスラム法や、権力者化する法学者に反撥し、内面の信仰や愛を重視、厳格な禁欲主義を守りつつ、神に意識を集中しながら神の名を呼びつづけたり踊りつづけながら忘我の境地に至り、神と合一するという。人間を含む世界のすべては唯一の実在たるアッラーの多様な顕れとする存在一性論を唱えたイブン・アラヴィー（一一六五―一二四〇）など優れた哲学者も現れ、十三世紀頃に最盛期を迎えた。しかしイスラム主流派からは異端として非難され、殉教を余儀なくされる者もいた。アルジェリアに本部を置くアラウィー教団など、現代にもスーフィズムを奉ずるイスラム教徒は存在する。

（5）**マイスター・エックハルト**　一二六〇？―一三二八？。中世後期のドミニコ会の修道士で神学者、神秘思想家。ケルンの神学大学でアルベルトゥス・マグヌスに学び、トマス・アクィナスの哲学を受け継ぎ、パリ大学正教授を二度務めるなど、神学者としての業績も大きい。のちにケルンに戻り、（当時の共通語であるラテン語でなく、自国語である）ドイツ語で行った一般の信徒向けの説教が異端の嫌疑を受け、当時アヴィニヨンにあった教皇庁に召喚されて幽閉中に死去したといわれる。彼は、たとえば「人間の魂ほど神と等しきものは何ひとつない。だからこそ神は神のほか何一つないように、この神殿を空にしておきたいと思うのである」（『エックハルト説教集』岩波文庫より引用）など、おのれを空無にすることによる魂と神との一致を説いている。

（6）**クザーヌス**　一四〇一―一四六四。中世末期のドイツの思想家、枢機卿。代表作に『学識ある無知について』（邦訳、平凡社ライブラリー）、『神を観ることについて』（邦訳、岩波文庫）など。神は一なるものであり、無限であり、すべてのものが神のうちにあるがゆえに、神においては、あらゆる矛盾が矛盾のままに一致しなければならないはずである（反対の一致）。このような神は人間の認識、とりわけ矛盾律を基礎とする論理的思考を完全に超越しているため、むしろおのれの無知のままに直観によって把握するしかない（知ある無知）、とする。

(7)**往相還相**　一般的には、浄土教系の思想において、往相は、凡夫が阿弥陀の本願によって浄土へ往生すべく信心し念仏すること、還相は、往生した者がふたたび現世に戻ってきて衆生を教化すること。ただし還相については、往生すべく信仰し念仏する人の言葉や行動が、それ自体、浄土の阿弥陀からの他力の働きとして、他の人にもよい影響を与え教化すること、と解する場合もある。

(8)**パウロ**　生没年不詳。紀元一世紀、小アジアのタルソス生まれのユダヤ人で、ローマの市民権も持っていた。ユダヤ名はサウロ。熱心なパリサイ派で、生前のイエスには会ったことがなく、当初はイエスの弟子たちのグループを迫害する側だったが、ダマスカスへ向かう途中、突如光につつまれ、「サウル、サウル、なぜわたしを迫害するのか」とイエスが呼びかける声を聞いたことで回心。イエスの弟ヤコブを中心とするエルサレム教会に対し、異邦人を中心に熱心に伝道し、そのため割礼や戒律をめぐってエルサレム教会と齟齬が生じることもあった。三回の伝道旅行を終えてエルサレムに帰ったとき神殿の境内で逮捕され、最終的にはローマに送られたが、その後の消息は不明。一説に、皇帝ネロの治世に斬首に処せられ殉教したという（新共同訳『聖書』「使徒言行録」などを参照）。

(9)**「如何なるか是れ祖師西来意」「庭前の柏樹子」**　『無門関』第三十七則。

(10)**「道い得るも三十棒、道い得ざるも三十棒」**　『臨済録』「勘弁」十二に出てくる徳山宣鑑（七八〇–八六五）のことば。

(11)**臨済**　諱は義玄。八六六頃没。唐時代の禅僧。黄檗希運（八五〇頃没）の弟子。その言行録が『臨済録』

である。

(12)**三宝教団**　禅僧・安谷白雲が、一九五四年に曹洞宗を離脱し、主に在家を対象として設立した禅仏教の教団。曹洞宗の坐禅と臨済宗の公案参究の修行方法をともにとり入れ、キリスト教徒の参禅も容認、キリスト教の神父・牧師で嗣法を受けた者もいる。また海外布教にも積極的で、海外に支部も多い。現在の管長は、山田凌雲（一九四〇―）。

(13)**安谷白雲**　一八八五―一九七三。十三歳のとき曹洞宗の寺で出家。一九二五年より、曹洞宗と臨済宗を双修した原田祖岳（一八七一―一九六一）に師事し、公案禅を学び、嗣法を受ける。アメリカ人禅僧として有名なフィリップ・カプローやリチャード・ベイカーに禅を指導、一九六二年にはアメリカを訪れてもいる。著書に『正法眼蔵参究 現成公案』（春秋社）など多数。B・A・ヴィクトリア『禅と戦争』（邦訳、光文社）では、他の禅者たちとともに戦争協力者として批判されている。

(14)**シリキウス**　第三八代教皇。在位三八四―三九九。史上はじめて「教皇」を名乗った。三八六年にスペインの司教ヒメリウスに宛てて、司祭の独身を命じる教皇教令を発している。

(15)**グレゴリウス七世**　第一五七代教皇。在位一〇七三―八五。聖職者の叙任権などをめぐって神聖ローマ皇帝ハインリヒ四世と激しく対立、皇帝を破門し、北イタリアのカノッサで直接謝罪させたが（カノッサの屈辱）、のちに巻き返され、ローマを包囲されて脱出、サレルノで没した。教会内部の綱紀粛正にもとり組み、聖職売買や聖職者の妻帯を禁じた（グレゴリウスの改革）。

(16)**荒野の聖アントニウス**　二五一？―三五六？。エジプトのキリスト教の聖者。修道制度の創設者ともいわれるが、現在ではむしろ、無所有や都市生活からの離隔を徹底した修道制度の改革者と考えられている。裕福な地主の家に生まれたが、両親と死別したのち、三十四―五歳のとき、すべての財産を放棄して荒野で隠遁修行する道に入った。禁欲生活のさなか、悪魔が退屈や怠惰や性欲で誘惑するのを克服した逸話は、ミケランジェロをはじめ多くの画家が好んで描いている。同時に理論家でもあったらしく、三三八年には、アリウス派論駁のために、アレキサンドリア司教のアタナシウスに呼びだされてもいる。

(17)**マニ教**　ササン朝ペルシャのマニ（二一六―七六？）が創始した宗教。マニは一説に母方でパルティア王家の血を引き、両親はグノーシス的なユダヤ―キリスト教徒だったという。若い頃幻視を体験し、父の宗教を捨ててキリストの真の教えを伝えよという啓示を受けて旅に出、ユダヤ―キリスト教、仏教、ゾロアスター教、グノーシス主義の影響のもとに善悪二元論と禁欲主義の色彩の強い教えを説いたとされる。ペルシャのシャープール一世に庇護されて教勢を伸ばしたが、のちにゾロアスター教に迫害されて獄死、ないし火刑に処せられて殉教した。

(18)**エッセネ派**　サドカイ派やパリサイ派と並ぶ古代ユダヤ教の三大宗派のひとつ。その実態は謎につつまれているが、動物の犠牲を伴う神殿の儀礼や都市の世俗的な生活からは距離を置き、荒野で財産を共有し、厳格な規律のもとに共同生活を営んだといわれる。紀元七〇年のローマ軍によるエルサレム陥落ののち急速に消滅した。死海文書を残したクムラン教団こそがエッセネ派だという説が有力である。

(19)**バクティ**　ヒンドゥー教の聖典でもあるインドの叙事詩『バガヴァッド・ギーター』の説く解脱への三つの道のひとつで「信愛の道」、すなわち神に絶対的に帰依し、無条件の愛を捧げ、みずからを無にし、すべてを投げだして奉仕する道である（他のふたつは「知識の道」と「行為の道」）。

(20)**クンダリニー覚醒**　クンダリニーとは尾骶骨のあたりに蛇のようにとぐろを巻いて眠っている性的エネルギーのことで、修行によってその眠りを覚まして脊椎に沿って上昇させ、体の中心線上にあるチャクラと呼ばれるエネルギーの結節点をひらいてゆくと、そのたびに超自然的な力を得、ついに頭頂部のサハスラーラ・チャクラをひらいたとき、神との合一ないし恍惚感にあふれた体験を得ることができるという。

第6の対話

(1)**水上勉**　一九一九−二〇〇四。福井県生まれ。九歳のとき、臨済宗相国寺塔頭瑞春院に小僧として預けられ、十三歳のとき厳しさのあまり脱走したが連れ戻されて、今度は天龍寺派の等持院に預けられる。その後、立命館大学文学部国文科に入学するも金銭上・健康上の問題のために中退、さまざまな職業を転々としながら小説を書きつづけ、一九六〇年に水俣病をテーマにした『海の牙』で日本探偵作家クラブ賞、同年、自伝的小説『雁の寺』で直木賞を受賞すると、以降は人気作家として『飢餓海峡』『一休』『寺泊』『良寛』『金閣炎上』など社会問題と仏教に視座を置いた作品を多く発表した。『雁の寺』は水上の瑞春院時代をモデルにしたミステリー・タッチの小説で、住職が、元芸者で雁の襖絵を描いた画家の妾であった女・里子を寺に住まわせ、愛欲に溺れる姿がリアルに描かれている。

(2)**犀の角のごとくただ独り歩め**　『スッタニパータ』第一「蛇の章」の三「犀の角」の文末のリフレイン。中村元訳『ブッダのことば』(岩波文庫）一七頁以下を参照。

(3)**新実智光**　一九六四−二〇一八。愛知学院大学法学部在学中に空中浮揚の記事などで麻原彰晃を知りセミナーへ参加、オウム神仙の会に入会した最も古参の幹部のひとり。ホーリーネームはミラレパ。一九八八年に麻原からクンダリニー・ヨガの成就者と認定される。一九八八年、信者・真島照之が修行中に事故死した事件の遺体の処分に関わり、翌八九年、オウム最初の殺人事件、教団を脱退したいと言いだした信者・田島修二の絞殺にも関与。坂本弁護士一家殺害事件では坂本弁護士の妻を絞殺。オウム真理教が真理党として衆議院議員選挙に打って出て大敗北を喫したのちは、猛毒のボツリヌス菌培養・散布計画に参加。

九三年の創価学会の池田大作名誉会長襲撃事件ではサリンを噴霧しようとして警備員に怪しまれ失敗、逆に、自分がサリンを吸引して重体に陥った。松本サリン事件でもサリンを散布した実行犯のひとりで、VXガスによる会社員殺害事件、オウム被害者の会会長襲撃事件にも関与。地下鉄サリン事件では、実行犯・林郁夫の送迎を務めた。多くの幹部が法廷で悔悟の念を示し、教祖・麻原を非難するなか、新実の麻原への帰依は揺るがず、裁判でも自らの行為は善行であると主張、第一審、第二審ともに死刑判決、二〇一〇年には上告棄却、最高裁判決への訂正申し入れも棄却され、死刑が確定、二〇一八年に執行。

(4)**有馬実成**　一九三六―二〇〇〇。山口県周南市の寺に生まれ、駒澤大学仏教学部卒業後、実家の寺の住職となる。一九八〇年、インドシナ難民支援のため、曹洞宗東南アジア難民救済会議を設立、一九八一年、曹洞宗ボランティア会に改称、一九九九年、シャンティ国際ボランティア会に改称、専務理事を務める。国際協力NGOセンターの理事長なども務め、NGOの連帯にも尽力した。

(5)**檀家制度**　寺檀制度とも。一六六四年、江戸幕府はキリスト教の禁止を徹底する目的で寺請制度を定め、婚姻や旅行、引っ越しなどには、寺の信徒（檀家）であるむねの証明書（寺請状）が必要であるとした。これによって人々は必ずどこかの寺（菩提寺）の檀家でなければならず、現在の戸籍にあたる宗旨人別帳に記載されることとなった。菩提寺を変更することも認められず、しかも他宗派を批判することや新寺・新宗派の設立も禁じられたので、信徒の布施・葬儀・法要を通じた収入は保証されたが、積極的な布教はほぼ不可能になった。

(6)**恐山**　青森県むつ市に属し、下北半島のほぼ中央に位置する外輪山の総称。カルデラ湖である宇曽利湖を囲む八つの峰が蓮華八葉にも喩えられる。高野山や比叡山と並ぶ日本三大霊場のひとつとも、石川県立山や秋田県の川原毛地獄とともに日本三大霊地のひとつともいわれ、八六二年、入唐中に夢告を受けた慈覚大師円仁の開山と伝わるが、戦乱により荒れ果て、一五三〇年に、曹洞宗の聚覚和尚によって再興されたとされる。現在の正式名称は恐山菩提寺、本尊は延命地蔵菩薩。境内の荒涼たる景観は死後の世界にも喩えられ、死者の魂の集まる場所ともいう。七月下旬の大祭や十月の秋詣りでは、イタコが集まり、死者の霊を呼びだして話をする「口寄せ」が行われる。

（7）**応病与薬**　ブッダが相手の理解力や問題の所在やその場の状況に応じて柔軟に教えを説いたことを、病気の違いや体調によって薬の処方を変える医者に喩えて、「応病与薬」という。

（8）**山田昌弘**　一九五七―。社会学者。東京学芸大学教育学部教授を経て、現在、中央大学文学部教授。家族社会学が専門で、「パラサイト・シングル」「格差社会」「婚活」など、社会現象を見事に表すことばを使い、流行語大賞を受賞したこともある。著書に『パラサイト・シングルの時代』（ちくま新書）、『「婚活」時代』（白川桃子との共著、ディスカヴァー携書）など。とりわけ『希望格差社会』（ちくま文庫）では、経済格差が拡大するなかで、これまで通用していた人生設計はすでに無効化しており、将来への道筋が見えず希望を喪失した無気力な若者の「不良債権化」を説く。

（9）**芥子種の話**　ブッダの弟子で「粗衣第一」と称された尼僧キサー・ゴータミーの在俗の頃の逸話。「キサー」とは「痩せた」という意味で、貧困に喘いでいたといわれる。『仏弟子の生涯』中村元選集［決定版］第13巻（春秋社）、四二四頁参照。また貧困のため子どもを火葬に付すこともできなかったのか、『テーリーガーター』でキサー・ゴータミーは「貧苦なる女（わたし）にとっては二人の子どもは死に、夫もまた路上で死に、母も父も兄弟も同じ火葬の薪で焼かれました。……（中略）……さらにまた、わたしは、それを墓場のなかで見ました。――子どもの肉が食われているのを」とも述べている（中村元訳『尼僧の告白』岩波文庫、五三頁より引用）。

＊註は本文の理解に資するよう編集部で付した。参考文献は適宜示すようにしたが、全体にわたって多く参照したものは次のとおりである。

『岩波仏教辞典』岩波書店。
『新版 禅学大辞典』大修館書店。
『キリスト教大事典』教文館。
『キリスト教人名辞典』日本基督教団出版局。
『哲学事典』平凡社。
『中村元選集［決定版］』春秋社。
『日本思想大系』岩波書店。

あとがき

どう考えても、黙っているのは腹ふくるる思いが募るばかりなので、最後に申し上げておく。

本書は、実を言えば、私個人の著書ではない。この本の原型は、ある人物との対談である。相手は今やもっとも活躍はなばなしい評論家の一人で、しかも、自らを仏教者（「仏教信者」ではない）と名乗る、私の知る限り唯一の評論家である。

同世代の彼との対話は、すこぶる刺激に満ち、私も多くを学んだ。それが本として世に出ることは、大いに期待することで、私は楽しみにしていた。

ところが、当時から注目されていた彼ではあるが、この対談以後、さらに急激に多忙となった。まさに引っ張り凧、八面六臂という感じになっていったのである。

その上、彼には本書を出版するにはこだわりがあったらしい。もし出せば、事実上、自分の最初の仏教をテーマにする著書となるから、もう一度徹底的に原稿を見直し、筆を入れたいというわけである。

結論を言うと、これが殺人的に忙しくなった彼には、ついにできなかったのである。

私は非常に残念だった。が、対談の原稿はもらったし、勉強になったことは本当だし、まあ、よしとするつもりだったのである。

ところが、彼と出版社から思わぬ申し出があった。惜しい原稿なので、私の著書に模様替えして出版しようというのである。

私は最初断った。これは彼との対談だから意味があるものだからだ。が、先方は是非という。彼が強くそう望んでいる、そう言われた。そういう事情の果てにできたのが本書である。

本書は、元の対談原稿を担当編集者が某所に缶詰になって再構成してくれたものを、私が再修正したものである。したがって、単純に「和尚」が私で、「IT企業の青年経営者」が評論家の彼、というわけではない。「和尚」の話には私の言葉と彼の言葉が混在しているし、「経営者」の言っていることも、またそうである。

したがって、ありていに言えば、本書は、私と彼と、春秋社の担当編集者・小林公二氏の共著に近い。

それをこんな単著の形で世に出してよいものか、私には忸怩たる思いがあるが、もうこれは私の責任ではないと、いまは割り切った。読者の寛容を請い、いささか読みどころのある本になっていることを願う。

最後に小林氏の労に謝意を表し、対談相手の彼には、おそらく将来世に問われるであろう、仏教に正面から取り組んだ「名著」を、心から期待していることを伝えたい。

二〇一一年一月末日

南　直哉

復刊に寄せて

以前、拙著の一つが某賞を受けた時に、読書好きで、嫌がらせのように私の本を全部読んでいる知人が、祝いの電話をよこした。

「面白かったぜ。まあ、いい本だな」

と、おざなりな褒め言葉の後、

「ただ、オレはお前の本の中では、『賭ける仏教』が一番よかったがな」

これは、意外であった。前の版のあとがきにある通り、本書はそもそも自著とは言えないからだ。もう時効だろうし、今や「公然の秘密」同然だから言うが、本書は、仏教者を自認する評論家、宮崎哲弥氏と私の対談本になるはずだったところを、諸般の事情から私の単著に模様替えしたものなのである。しかも、文章を単著の仕様に書き換えたのは、担当の編集者で、これで私の著作と言うのでは、申し訳ない限りであった。

それを知人は、それなりの本として面白いのではなく、「私の著書」として読んで面白いと言うのだ。

「どういう意味だ?」

「お前はさあ、考え方もそうだが、その上、ものの言い方と言うか、語り口と言うか、どの本読んでも〈南ブシ〉みたいなクセがあるだろ、文体に」

「悪かったな」

「それがいい、と言う人もいるのだろうが、いい加減それがくどい、鼻につくと思う読者もいると思うわけだ。何せ、独特だもん」

「悪かったな！」

「ところが、この本は、他人の言葉が大量に混ざっているから、そのクセが薄まっているんだ」

「鼻につかんと」

「そう。で、ただ薄まってるんなら、つまらない本になると思うんだが、あの対談相手の力量のある言葉に削られて、かえってお前自身の考えもクリアに浮いて出て、わかりやすいんだよ」

聞いて私はなるほどと思った。過去に似たようなことがあったからである。


私の父は小学校の教員だったが、「家に帰ってまで仕事はせん」と言って、一切子供に勉強を教えてくれない、これまた独特の性格の人だった（息子の成績にも、まったく無関心）。

その父が、一度だけ、口を挟んだことがある。

私が宿題の読書感想文を書いているところに、父がたまたま通りかかって、ちょうど書き上げたばかりの文章を見ると、

「おい、お前、これな、お前が一番いいと思うところを全部切って、書き直せ」

何を言うのかと思ったが、アドバイスなど初めてのことなので、つい言うことを聞いたら、その

感想文が、市だか県だかのコンクールで賞をもらった。びっくりして、どうしてあんなことを言ったのか父に訊くと、

「お前の考え方には独特のところがある。それがモロに出ると、嫌味だからな」

出家して修行僧になり、道場から出て市井の僧侶となっても、私の「独特さ」は消えなかった。それは私の仏教に向き合う根源的な態度に根ざしていたし、書けばそれが「クセ」となって文体に出るのは当然だったろう。

それを、まるで蒸留するがごとく、独特さを保ちつつ、嫌味を抜いてくれたのが、宮崎氏である。私は、当時、彼が多くの分野にあれほど該博な知識を持ち、かつ仏教について驚くばかりの造詣の深さに達した人物だとは、まったく知らなかったのだ。

私が自分の抱える問題に焦点を合わせて、仏教の経典や論書を読み、それを解釈するのに思想書や哲学書を乱読していたのに対し、宮崎氏は、それらを読むことは当たり前で、なおアカデミックな仏教関係の論文を「趣味として」大量に読み、かつ精通していたのである。この彼の見識に曝されて、私の言説のある部分は輪郭が明瞭になり、余計なところは切除され、落ち着きがよくなったのだろう。

この本を縁に、私たちは四、五年に一度くらい、対談などで仕事をした。プライベートでは、一切付き合いが無いのに、会えば、すぐに話が通じた。

今なお、テレビで彼を見ても、「ああ、元気なんだな」と思うだけだ。用事も無いのに自分から会いたいとは思わない。お互い「君子」とは言えないものの、その交わりは水の如く淡い。それで十分なのだ。なぜか。

この本の元となる対談をした時、私は昔の後味の悪かった日々を思いつつ、言った。

「もし仏教の言葉に出会わなかったら、結局自死することになったと思います」

彼は即座に、間髪を入れずに言った。

「僕もそうです」

私たちのことを「思想的双生児」と評した人がいるらしい。しかし、私に言わせれば、それは少し違う。思想の底を割って、「何か一番深いところで」彼と通じている気がする。

それは、私にとって救いと言えるものに限りなく近い。

本書の復刊は、「淡い交わり」の歳月を改めて想い、その意味の重さを身に染みて感じる機会になった。関係各位に感謝申し上げたい。

二〇二三年三月十二日

南　直　哉

南　直哉 *Jikisai Minami*

1958年生。早稲田大学第一文学部卒業後、大手百貨店に勤務。1984年、曹洞宗で出家得度、同年、大本山永平寺に入山。以後、約20年の修行生活を送る。2003年に下山。現在、福井県霊泉寺住職、青森県恐山菩提寺院代。著書に、『語る禅僧』（ちくま文庫）、『日常生活のなかの禅』（講談社選書メチエ）、『「問い」から始まる仏教——私を探る自己との対話』（佼成出版社）、『老師と少年』（新潮文庫）、『『正法眼蔵』を読む——存在するとはどういうことか』（講談社選書メチエ）、『出家の覚悟——日本を救う仏教からのアプローチ』（スマナサーラ氏との共著、サンガ選書）、『人は死ぬから生きられる——脳科学者と禅僧の問答』（茂木健一郎氏との共著、新潮新書）など多数。

賭ける仏教

出家の本懐を問う6つの対話

2011年7月20日　初　版第1刷発行
2023年5月20日　新装版第1刷発行

著者——————南　直哉
発行者—————小林公二
発行所—————株式会社 春秋社
〒101-0021 東京都千代田区外神田2-18-6
電話 03-3255-9611
振替 00180-6-24861
https://www.shunjusha.co.jp/
印刷・製本———萩原印刷 株式会社
装丁——————芦澤泰偉

ISBN978-4-393-13466-5
定価はカバー等に表示してあります